BIRGIT LAHANN
Als Psyche auf die Couch kam
Die rätselvolle Geschichte des Sigmund Freud

Freud-Porträt von Ferdinand Schmutzer
Freud Museum London

BIRGIT LAHANN
ALS PSYCHE AUF DIE COUCH KAM
DIE RÄTSELVOLLE GESCHICHTE DES
SIGMUND FREUD
FOTOGRAFIERT VON UTE MAHLER

aufbau

Inhalt

9 »Als Liebling der Mutter behält man jenes Eroberungsgefühl fürs Leben«
Ödipus oder Eine Kindheit in Wien

19 »Ich bin ein gottloser Mediziner«
Die Universitätsjahre

26 »Rauchen läßt sich nicht entbehren, wenn man nichts zum Küssen hat«
Freud verlobt sich

31 »Ich bin ein großer wilder Mann, der Cocain im Leib hat«
Freud experimentiert mit Drogen

35 »Jetzt kommt das Kind, das ich vom Doktor habe«
Die Geschichte der Anna O.

39 »Ich bin weder Österreicher noch Deutscher – ich bin Jude«
Studienaufenthalt in Paris

46 »Wir leben jetzt in Abstinenz«
Der Ehemann

54 »Ich halte ihr einen Finger vor und rufe: Schlafen Sie!«
Erste Analysen

59 »Sie können mich alle gern haben«
Die Selbstanalyse

65 »Ich bin 44 Jahre – ein alter, etwas schäbiger Israelit«
Traumdeutung und römischer Traum

72 »Wir Kulturmenschen sind alle ein wenig zur Impotenz geneigt«
Freud wird 50 und reist nach Amerika

77 »Sie werden das gelobte Land der Psychiatrie in Besitz nehmen«
Freuds Kronprinz

82 »Ich vollziehe an ihm die Rache der beleidigten Göttin Libido«
Bruch mit Alfred Adler und C. G. Jung

87 »Ich vertrage es nicht, acht Stunden täglich von anderen angestarrt zu werden«
Dora, der Rattenmann, der Wolfsmann und Moses

99 »Es ist beschlossen worden, Sie nicht als Feind zu betrachten«
Der Erste Weltkrieg

108 »Ich möchte mit Anstand aus der Welt verschwinden«
Sterben, Leben, Krebs

116 »Aber mein Essen verträgt keine Zuschauer«
Freud wird operiert und analysiert seine Tochter

125 »Die Juden in aller Welt vergleichen mich mit Einstein«
Der berühmte Freud

131 »Sie ist ein hervorragendes, männliches Frauenzimmer«
Die Perle Paula, die Prinzessin Marie Bonaparte, der Arzt Dr. Schur

138 »Meine Prothese spricht nicht französisch«
Das Unbehagen in der Kultur, Goethe-Preis und 75. Geburtstag

143 »Sie halten es nicht für der Mühe wert, mich zu lieben«
Hilda Doolittle und die Tücken der Analyse-Technik

149 »Die Kehle wird uns immer enger zugeschnürt«
Thomas Manns Laudatio und Freuds Identifikation mit Moses

156 »In trüben Zeiten Euch zu sehen und – to die in freedom«
Die Nazis kommen

163 »Ich kann die Gestapo jedermann auf das beste empfehlen«
Die letzten Tage in Wien

172 »Lieber Schur, Sie haben versprochen, mich nicht im Stich zu lassen«
Der Tod

179 Literatur

Ödipus löst das Rätsel der Sphinx, Freud das Rätsel Ödipus.
Belvedere, Wien

»Als Liebling der Mutter behält man jenes Eroberungsgefühl fürs Leben«
Ödipus oder Eine Kindheit in Wien

Das Geschäft geht trostlos. Keine Patienten, keine Einnahmen, keine Anerkennung für den 41jährigen Nervenarzt. Er sitzt in seinem Arbeitszimmer im ersten Stock der Wiener Berggasse 19 *frisch, heiter* und *verarmt* am Schreibtisch, umringt von nackten Prinzessinnen, chinesischen Weisen, einer geflügelten Sphinx, von Venus, Buddha und gottgleichen Pharaonen – seiner langsam wachsenden Antiken-Schar. Er stecke mitten in der *inneren* Arbeit, schreibt Freud an seinen Freund Wilhelm Fließ, den Adressaten seiner intimsten Gedanken, also mitten in der Selbstanalyse. Und die *packt und zerrt* ihn durch alte Zeiten, wobei seine Stimmungen *wie die Landschaften vor dem Eisenbahnfahrenden* wechseln. Es gibt Tage, an denen er nur noch *gedrückt* herumschleicht, weil er seine Träume nicht entschlüsseln kann. Aber dann erhellt plötzlich auch wieder ein Gedankenblitz die Schatten der Vergangenheit, eine verschwundene Szene leuchtet auf – und geht als eine der größten Entdeckungen in die Psychoanalyse ein:

Sigmund ist drei Jahre alt, als er mit Amalia Freud von Leipzig nach Wien fährt. Auf dieser nächtlichen Reise im Schlafwagen sieht der Sohn seine schöne, schlanke Mutter mit ihrem schweren, schwarzen Haar für einen Augenblick – nackt, *nudam*. Da ist der Junge so verwirrt, aber wohl auch so verzückt, daß er dieses Ereignis noch fast 40 Jahre später nur auf lateinisch auszusprechen wagt: *meine Libido gegen matrem* war erwacht. Und dann kommt der wichtigste Satz: *Ich habe die Verliebtheit in die Mutter und die Eifersucht gegen den Vater auch bei mir gefunden und halte sie jetzt für ein allgemeines Ereignis früher Kindheit.*

Es ist die Geburtsstunde des Ödipuskomplexes, dieser 15. Oktober 1897, an dem Freud seinem Freund von seiner Entdeckung berichtet. Ödipus hatte nach düsteren Orakelsprüchen versucht, seinem Schicksal zu entfliehen, doch damit stürzt er sich direkt ins Unglück, erschlägt seinen Vater, den er nicht kennt, und heiratet dessen Witwe, von der er nicht weiß, daß sie seine Mutter ist. Erst Jahre später, nach Ahnungen und Andeutungen, entdeckt Ödipus, der nun König von Theben ist, Stück für Stück, daß er die Ursache eines ungeheuren Dramas ist, das Mord und Inzest heißt, Haß und verbotene Liebe.

Jeder ... war einmal im Keime und in der Phantasie ein solcher Ödipus, schreibt Freud. Er selbst wird von nun an in Vergangenheiten graben und in Kindheiten. Er wird das Unbewußte heben und das Verschwiegene beim Namen nennen. Er wird das Rätsel der Seele lösen, so wie Ödipus einst das Rätsel der Sphinx gelöst hat: *Was läuft am Morgen auf vier, am Mittag auf zwei und am Abend auf drei Beinen und ist am schwächsten, wenn es auf den meisten läuft?* Das ist der Mensch, sagt Ödipus, denn im Alter stützt er sich auf einen Stock, und als Säugling kriecht er hilflos auf allen vieren.

Der Säugling Sigismund Schlomo wird am 6. Mai 1856 in Mähren geboren, in der kleinen Stadt Freiberg nahe der schlesischen Grenze. Da sprechen die Leute tschechisch, die Juden untereinander auch deutsch oder jiddisch, und es gibt zwischen windschiefen Dächern eine Kirche mit Glockenspiel und 60 Meter hohem Turm, einen Heiligen Isidor, einen Marktplatz, dichte Wälder, fruchtbare Felder, und weit hinten in der Ferne schimmern die Karpaten.

Gleich nach der Geburt taucht in der Schlossergasse 117, oben im 1. Stock über der Schmiede, ein altes Bauernweib aus der Gegend auf. Sie prophezeit der jungen Mutter, daß ihr Erstgeborener einmal ein großer und berühmter Mann werden wird. Seine pfirsichweiche, helle *Eihaut* sei ein Garant für die glücklichste Zukunft. Süße Träume für die 21jährige Mutter, die das Kind mit dem schwarzen Kraushaar ihren *kleinen Mohren* nennt. Sie ist die dritte Frau des zwanzig Jahre älteren Jacob Freud, eines glücklosen Wollhändlers, der damals mit seiner Amalia noch in einem einzigen Zimmer zur Miete lebt. Er hat bereits zwei Söhne aus erster Ehe, die in der Nähe wohnen, Emanuel und Philipp. Verwirrende Familienverhältnisse sind das, denn der verheiratete Emanuel ist älter als seine Stiefmutter. Und Emanuels Sohn stromert mit seinem kleinen Onkel Sigismund Schlomo umher, der sich bald nur noch Sigmund nennt. Und der kleine Freud findet auch, daß sein Halbbruder Philipp viel besser zu seiner wunderschönen Mutter paßt als der alte Vater, der sein Großvater sein könnte.

Und plötzlich ist wieder ein Baby da. Anna. Ist aus dem Bauch der Mutter gekrochen. Sigmund ist entsetzt. Wer hat sie gemacht? Der Vater etwa, der bei Mutter im Bett liegen darf? Oder vielleicht doch Philipp, der Halbbruder. Und will das brüllende Bündel, diese Rivalin, vielleicht noch seinen Platz einnehmen? Schon den Bruder Julius hatte er *mit bösen Wünschen und echter Eifersucht* begrüßt. Als der wenige Monate nach seiner Geburt stirbt, ist Sigmund dann doch ziemlich irritiert, und es wächst in ihm der Keim zu Selbstvorwürfen.

Aber zum Glück gibt es ja noch die kluge, häßliche Kinderfrau, seine *prähistorische Alte*, die er liebt und für die er immer mal wieder ein paar Kreuzer aus der Geldbörse seiner Eltern stiehlt. Die fromme Katholikin trägt den beschnittenen Judenknaben jeden Sonntag auf dem Arm in die Kirche und erzählt ihrem frühreifen Liebling von Joseph und seinen Brüdern, von Hiob und Moses, von Mord und Totschlag im Alten Testament, erzählt ihm von Teufeln, Engeln und Heiligen. Und weil die Freuds keine orthodoxen Juden sind, sondern Passah und Purim als Familienfeste feiern, predigt Sigmund – kaum von der Messe zurück –, was er bei den Katholiken gehört hat. Erzählt seinen Eltern auch, *wie's der liebe Gott macht*. Und als der Junge zum erstenmal ein loderndes Feuer sieht, glaubt er, das sei die Hölle, in der die bösen Seelen braten.

All diese Geschichten holt Freud in seiner Selbstanalyse Stück für Stück ans Licht. Er zwingt die vergessene Kindheit in seine Träume, wo sich dann Erinnerungsfetzen mit Tagesereignissen mischen und mühsam neu interpretiert werden müssen. Freud ist ein großer Träumer und ein mutiger Deuter. Er ist auch sicher, daß die alte Kinderfrau seine *Lehrerin in sexuellen Dingen* war, *weil ich ungeschickt war, nichts gekonnt habe*. Die *neurotische Impotenz*, schreibt Freud dazu an Fließ, *geht immer so zu; die Angst vor dem Nichtkönnen in der Schule bekommt auf diese Weise ihren sexuellen Untergrund.*

1859 zieht die Familie fort aus dem kleinen Freiberg, das von der Welt abgeschnitten ist. Jacob Freuds Wollgeschäft ist am Ende. Neue Maschinen haben überall im Land die Weber verdrängt, die noch mit der Hand schuften. Die Arbeitslosigkeit wächst und wächst. Und von Prag her weht seit Jahren schon ein heftiger Nationalismus. Der hat, wie immer in Zeiten wirtschaftlicher Not, seine Sündenböcke längst gefunden: Es sind die jüdischen Textilfabrikanten, die großen wie die kleinen. So zieht der verarmte Jacob Freud

Im Prater wird dem jungen Sigmund eine große Karriere geweissagt.
Riesenrad im Prater, Wien

Die Frage, was ist dahinter, beschäftigt Freud von Jugend an.
Prater, Wien

mit Frau und zwei Kindern erst nach Leipzig und kurz darauf nach Wien. Doch auch hier wird das Leben nicht leichter, denn Amalia Freud ist gesegnet und fruchtbar: Nach Rosa kommt Maria, dann Adolfine und Paula – Mitzi, Dolfi und Pauli genannt. Sie leben beengt in der Leopoldstadt, dem traditionellen jüdischen Bezirk. Und es wird in der bescheidenen Wohnung noch enger, als zu den sechs Kindern 1866 ein Nachzügler geboren wird. Wie soll er heißen? Der Familienrat wird einberufen. Jeder darf Namen vorschlagen. Vater Jacob ist ein demokratischer Patriarch. Alexander! sagt der 10jährige Sigmund. Er soll wie Alexander der Große heißen. Wie sein makedonischer Held mit der wallenden Löwenmähne. Auch einer mit Ödipuskomplex. Liebt seine Mutter und pflegt Mordgedanken gegen den Vater. Und Sigmund zählt die Schlachten auf, die der junge Feldherr hoch zu Roß im Rausch geschlagen, die bei Chaironeia, am Granikos, bei Issos ... Also gut, einverstanden, soll der kleine Bruder Alexander heißen.

Sigmund aber behauptet weiterhin seinen Platz. Er bleibt der Goldsohn der Mutter, bleibt die unbestrittene Nummer eins. Dabei ist es noch gar nicht lange her, da war er nachts in den Schlafraum seiner Eltern geschlichen. Aus Neugier? Wollte er die beiden beobachten? Beim Beischlaf vielleicht? Und dann pinkelt er seelenruhig mitten ins Zimmer. Wozu? Will er eine Duftmarke setzten? Sein Revier abstecken? Dem ungeliebten Vater die Stellung streitig machen? Doch da springt der sonst so liebevolle und ruhige Jacob Freud auch schon aus dem Bett, steht wütend vor seinem Sohn und der Pfütze und sagt, aus ihm würde später einmal nichts werden! Gar nichts! *Welch furchtbare Kränkung für meinen Ehrgeiz*, schreibt Freud später in seiner »Traumdeutung«. Jahrelang wird ihn diese Episode verfolgen. Bis in die Nächte hinein. Aus ihm nichts werden? Wann immer er von dieser Peinlichkeit träumt, träumt er auch von seinen Erfolgen in der Schule. Manisch. Und lernt wie ein Besessener.

Dabei ist er längst Primus seiner Klasse. Kommt schon mit neun ins Gymnasium. Ist so gut, daß ihn die Lehrer gar nicht mehr aufrufen oder prüfen. Der Junge weiß ja sowieso alles. Und Freuds Sehnsucht nach Größe und nach Heldentum wächst.

Doch erst mal ist er auf dem Wege, ein kleiner Liberaler zu werden, denn es sind Österreichs Liberale, die den Juden 1867 die vollen Bürgerrechte zusichern. Da erzählt Jacob Freud seinem Sohn eine Geschichte. Er will ihm beschreiben, wie sehr er selbst in seiner Jugend noch unter Antisemitismus zu leiden hatte und wie gut dagegen es den Juden heute in Wien geht. *Als ich ein junger Mensch war,* so beginnt er, *bin ich in deinem Geburtsort am Samstag*

Hannibal ... war aber der Lieblingsheld meiner Gymnasialjahre gewesen ... Als dann im Obergymnasium das erste Verständnis für die Konsequenzen der Abstammung aus landesfremder Rasse erwuchs und die antisemitischen Regungen unter den Kameraden mahnten, Stellung zu nehmen, da hob sich die Gestalt des semitischen Feldherrn noch höher in meinen Augen.

DIE TRAUMDEUTUNG, 1899/1900

in der Straße spazieren gegangen, schön gekleidet, mit einer neuen Pelzmütze auf dem Kopf. Und ihm kommt ein Christ entgegen, kommt direkt auf ihn zu, weicht nicht aus, schlägt ihm die Mütze vom Kopf, schlägt sie mitten in den Kot hinein und ruft: *Jud, herunter vom Trottoir!* Und was hast du getan? fragt der Sohn den Vater. Er sei halt auf den Fahrweg gegangen und habe die Mütze aus dem Dreck geholt. Wie bitte? Sigmund kann es nicht glauben. Sein Vater ist doch ein *großer starker Mann*. Der weicht doch einem Christenlümmel nicht aus! Geht doch vor einem Goi nicht in die Gosse! Was für eine bittere Enttäuschung. Sein Vater mag Humor haben, ja sogar Witz, und den hat er auch von ihm geerbt, auch die Gabe, Geschichten in stilistischem Hochglanz zu erzählen. Aber ein Held ist er nicht. Viel zu gütig. Viel zu nachsichtig.

So sucht der Sohn sich denn zwischen all seinen antiken Vorbildern einen neuen Lieblingshelden. Identifiziert sich von nun an mit dem unerschrockenen Semiten Hannibal aus Karthago. Dessen Vater war ganz anders! Der hatte den neunjährigen Sohn einst am Hausaltar schwören lassen, die Römer zu hassen und zu bekämpfen, weil sie der Meinung waren, Karthago müsse zerstört werden. Mit 25 Jahren zieht Held Hannibal dann in den Zweiten Punischen Krieg. Überschreitet mit Heer und Kriegselefanten von Spanien aus die Alpen, schlägt die Römer in vier Schlachten – und steht schießlich vor den Toren Roms. *Hannibal ante portas!* heißt der Schreckensruf der Christen. Doch als die Siegesserie stockt und Hannibal nicht in Rom einmarschiert, als er die Stadt nur jahrelang belagert und endlich an die Römer ausgeliefert werden soll, da trinkt der stolze Krieger einen Becher voll Gift. *Hannibal und Rom,* schreibt Freud in seiner »Traumdeutung«, *symbolisierten dem Jüngling den Gegensatz zwischen der Zähigkeit des Judentums und der Organisation der katholischen Kirche.*

Seine Schwärmerei für den karthagischen Feldherrn hält viele Jahre an. Sie ist der Abschluß einer langen Kette von Adorationen. Schon als kleines Kind hatte Freud seinen Zinnsoldaten Zettel auf den Rücken geklebt mit den Namen kaiserlicher Marschälle. Damals ist Napoleons General, der siegessüchtige Jude Masséna, sein *erklärter Liebling*.

Auch Sigmund ist und bleibt der Liebling der Familie. Er steht über allen sechs Geschwistern. Seine Eltern sind überzeugt, daß sie ein kleines Genie großziehen. Am Wochenbett hatte die alte Bäuerin es schon prophezeit. Und nun, elf oder zwölf Jahre später, kommt die nächste Weissagung. Die Freuds machen mit ihrem Ältesten einen Ausflug zum Prater, dem berühmten Wiener Vergnügungspark. Als sie nach Schiffsschaukel, Geisterbahn und Riesenrad abends im Wirtshaus sitzen, geht da ein Mensch von Tisch zu Tisch und läßt sich für ein paar Münzen ein Thema stellen, über das er dann aus dem Stegreif Verse schmiedet. Sigmund wird losgeschickt. Er soll den Praterdichter an ihren Tisch holen. Der kommt auch, wartet aber gar nicht ab, daß man ihm ein Stichwort fürs Reimen gibt, er sieht nur den Jüngling an und sagt: Der wird einmal Minister. Was für Aussichten! Und hatte der Vater nicht gerade Fotos der neuen Wiener Bürgerminister mit nach Hause gebracht, unter denen sogar einige Juden waren? Vor so viel politischer Liberalität hatten Freuds Eltern Kerzen vor den hoffnungsvollen Herren aufgestellt, die reformfreudig und gebildet waren und sozial engagiert. Und nun auch ihr Sohn? Ein Minister in spe? *Jeder fleißige Judenknabe,* schreibt Freud später, *trug also das Ministerportefeuille in seiner Schultasche.* Er wird sich nie besonders für Politik interessieren, doch seit der Voraussage im Prater ist Freuds Ehrgeiz geweckt. Er nimmt sich vor, Jura zu studieren, um eine Regierungslaufbahn in der sozialistischen Partei einzuschlagen.

Der Stolz der Eltern blüht. Vor allem Amalia Freud vergöttert ihren Sohn. *Wenn man der unbestrittene Liebling der Mutter gewesen ist,* schreibt Freud, *so behält man fürs Leben jenes Eroberergefühl, jene Zuversicht des Erfolges.*

In den nächsten Jahren faßt der Vater wieder Fuß, bringt es sogar bis zu einem gewissen Wohlstand, und die neunköpfige Familie kann in eine Sechs-Zimmer-Wohnung umziehen. Sigmund ist der einzige, der einen Raum für sich bekommt, weil er Ruhe braucht, lernen soll, lesen will. Sein *Kabinett* ist bald vollgestopft mit Homer und Sophokles, Lessing und Lichtenberg, Cervantes, Rabelais, Molière, Goethe und Schiller. Hier studiert er, hier ißt er, hier schläft er. Hier hängt er bei Ausbruch des Deutsch-Französischen Krieges 1870 eine Landkarte des Kampfgebiets auf, steckt die Frontlinien mit bunten Fähnchen ab und hält seinen Schwestern Vorträge über Schlachten und Strategien. Hier liest er auch seinen Lieblingsautor Ludwig Börne, den Idealisten und Freiheitskämpfer, der gegen die Reaktion anschreibt und gegen die Dummheit und sagt: *Wie es unter einer Million Menschen nur tausend Denker gibt, so gibt es unter tausend Denkern nur einen Selbstdenker.* Und hier liest Freud Shakespeare im Original, liest englische Gedichte, deklamiert englische Verse und schreibt englische Briefe an seine Halbbrüder, die inzwischen in Manchester leben und wohlhabend geworden sind. England wird für den Primaner ein Elysium im Kopf.

Seinen Geschwistern gegenüber entpuppt Sigmund sich immer mehr als kleiner, aufgeblasener Diktator. Er kann Annas Klavierspiel nicht ertragen. Wer soll sich dabei konzentrieren? Aber das Instrument steht doch weit weg von Freuds Zimmer! Egal. Musik ist Geklimper und stört. Er geht zur Mutter und sagt: Das Klavier muß weg. Wenn es dableibt, geht er. Da verschwindet das Piano. Für immer. Und was liest die 15jährige Schwester da? Liebesromane von Dumas und Balzac? Kommt nicht in Frage. Die beschlagnahmt der prüde Zensor. Mit seinen Schulkameraden geht er weniger streng um. Als zwei Jungen auffliegen, weil sie in Spelunken und bei Prostituierten gesichtet wurden, muß Freud als Zeuge aussagen. Was? Er hat von dieser moralischen Verwahrlosung gehört? Da wird seine Note für sittliches Betragen gleich runtergesetzt.

Er ist nun ein junger Mann von lässiger Eleganz. Trägt Tweed-Anzüge mit steifem Kragen, Schleife, Weste und Uhrkette. Er hat sich auch einen kecken Schnurrbart wachsen lassen, und sein Blick geht mit leichter Arroganz in Richtung Ewigkeit. So macht er mit 17 Jahren seine Reifeprüfung am Leopoldstädter Sperl-Gymnasium summa cum laude, ist der beste Schüler seines Jahrgangs. Schriftliche Matura ist am 9. Juni 1873. Er wird in Deutsch, Mathematik und Latein geprüft. In Griechisch muß der Kandidat, der einmal den Ödipuskomplex entdecken wird, 33 Verse aus Sophokles' »König Ödipus« übersetzen:

Wohl wär ich nicht des Vaters Mörder
Gekommen, noch der Bräutigam genannt,
Von denen ich gezeugt ward,
Mühselig bin ich nun. Der Sohn Unheiliger,
Und eines Geschlechts mit denen, wo ich selbst
Herstamm ich Armer. Gibt's ein uralt Übel,
Empfing es Oidipus

Diese Zeilen hat Hölderlin übersetzt. Doch auch für Freud sind die griechischen Verse kein Problem. Er hat sie lange vor der Prüfung daheim in seinem Kabinett gelesen, kennt jede Zeile. Und sein Stil, der ist schon damals auffallend und originell. Mit einem Schuß adoleszenten Hochmuts erzählt Freud seinem Freund Emil Fluß, daß sein Professor – *und er ist der erste Mensch, der sich untersteht, mir das zu sagen* – ihm erklärt, er habe das, *was Herder so schön einen idiotischen Stil nennt*, also einen Stil, *der zugleich korrekt und charakteristisch ist*. Das findet Freud auch. Und er macht den Freund ironisch darauf aufmerksam, daß der mit einem deutschen Stilisten Briefe tausche. Und so rate er ihm denn: *bewahren Sie auf – binden Sie zusammen – hüten Sie wohl – man kann nicht wissen*. Seinen Stil wird Freud pflegen und polieren. Wird ihm die Leichtigkeit und die Spannung geben, den Charme und den Witz, der so selten ist bei Wissenschaftlern. Das Nobelpreis-Komitee in Oslo wird viele Jahre später darüber nachdenken, ob diesem Freud nicht der Preis für Literatur gebühre.

Mein Zeugnis ist brillant, schreibt Freud einen Tag nach der mündlichen Prüfung hochgemut an seinen Intimus Eduard Silberstein. *1 Ausgez., 7 Vorzügl. und ein Lob in Erdkunde*. Was hatte er für einen Spaß mit diesem Silberstein. Hat den ganzen »Don Quijote« mit ihm gelesen, die Geschichte des furiosen Ritters von der traurigen Gestalt, der die Feder wie sein Schwert führt. Hat sich mit dem Schulfreund an Cervantes' philosophischem Dialog der beiden Hunde Berganza und Cipion delektiert, die in Sevilla vor der Tür eines Hospitals lagern. Silberstein ist von da an Berganza, Freud der andere Hund. *Tu fiel Cipion,* so unterzeichnete er seine Briefe. Und die beiden gründeten einen Geheimbund, die Academia Castellana, lernten Spanisch miteinander und schärften ihren Verstand an den Königen der Literatur.

Genau einen Monat vor Freuds schriftlichem Abitur, am 9. Mai 1873, kommt es in Wien zu einem katastrophalen Börsenkrach. Acht Banken, sieben Industrieunternehmen, zwei Versicherungen und eine Eisenbahngesellschaft melden Konkurs an. Vierzig Banken werden liquidiert, unzählige Familien sind ruiniert, über einhundertfünfzig Bankrotteure erschießen, erhängen oder vergiften sich. Und wenige Wochen nach der Matura bricht in der Stadt auch noch die Cholera aus, an der mehr als 3 000 Menschen sterben. Von da an wird wieder ein Sündenbock gesucht. Von da an bröckelt die Macht der Liberalen, die im Land der Kaisertreuen ja fast aus Versehen an die Regierung gekommen waren. Und mit dem Schwinden der toleranten Politiker schwappt nun wieder der Antisemitismus übers Land. Was wollen all die Juden in Wien! Wie viele tausend sind in den letzten Jahren aus Polen, Böhmen, Galizien und Mähren in die Hauptstadt gekommen. Exotische, merkwürdig sprechende, komisch gekleidete Ostjuden mit langen Mänteln, Bärten, Hüten und Schläfenlocken. Niemand mag sie, niemand will sie.

Auch Freud ist ihnen gegenüber nicht frei von Hochmut. Ein Jahr vor seinem Abitur macht der 16jährige eine Reise in die alte Heimat nach Freiberg. Auf der Rückfahrt im Zug sitzt er mit einer jüdischen Familie im Abteil. Die Gesellschaft ist ihm *unerträglicher als jede andere*. Der Mann – ein *Typus*. Der Sohn *vom Holz, aus dem das Schicksal die Schwindler schneidet*, also *pfiffig, verlogen, von den teuren Verwandten im Glauben erhalten, er sei ein Talent, dabei ohne Grundsätze und Weltanschauung*.

Ja, er habe die Nase voll von diesem *Gesindel*, schreibt er seinem jüdischen Freund Emil Fluß. Setzt aber gleich noch eins drauf. Schildert ihm die *böhmische Köchin mit dem vollkommensten Mopsgesicht*, das er je gesehen. Und als er hört, aus welcher Ecke des Ostens sie alle stammen, findet er, das sei genau der *rechte Misthaufen für solches Gewächs*. Was ist das? Jugendliche Überheblichkeit? Bitterböse Lust am Fabulieren? Arroganz eines Intelligenzlers? Er selbst stammt doch auch aus Mähren, und seine Mutter spricht unverkennbar mit osteuropäischem Akzent.

»Ich bin ein gottloser Mediziner«
Die Universitätsjahre

Als Freud sich ein Jahr später, 1873, in der Universität einschreibt – nicht mehr um Jura, sondern um Medizin zu studieren –, gilt der Antisemitismus auch den assimilierten Juden. Und nun schmettert Freud das Wort *Gesindel* ein paar wüsten Christen entgegen. Er ist wieder auf einer Zugfahrt. Und weil es so stickig ist, öffnet er das Fenster. Da ruft einer laut: *Elender Jude!* Und die anderen drohen, sie würden es ihm zeigen! Voller Zorn fordert Freud die Rüpel auf, nur heranzukommen. Er würde es ihnen auch zeigen! Und beim Wort *Gesindel* kuschen sie dann.

Das ist so eine Szene, in der Freud wohl an seinen Vater gedacht hat, der sich die schöne Pelzmütze noch vom Kopf hatte schlagen lassen und sich dann gebückt hatte. Aber Freud ist natürlich zutiefst entsetzt. *Vor allem, so schreibt er Jahre später in seiner »Selbstdarstellung«, traf mich die Zumutung, daß ich mich als minderwertig und nicht volkszugehörig fühlen sollte, weil ich*

Im antisemitischen Wien wird Freud zum Rebellen.
Reiterdenkmal Erzherzog Albrechts II., Wien

Hier wird der Student Freud gefördert, angefeindet und übergangen.
Universität, Wien

Die Universität, die ich 1873 bezog, brachte mir zunächst einige fühlbare Enttäuschungen. Vor allem traf mich die Zumutung, daß ich mich als minderwertig und nicht volkszugehörig fühlen sollte, weil ich Jude war.

SELBSTDARSTELLUNG, 1925

Jude war. Auf die Volksgemeinschaft pfeift er. Aber er ist hier doch in einer Universität! Ist doch zwischen intelligenten Menschen! *Ich habe nie begriffen, warum ich mich meiner Abkunft, oder wie man zu sagen begann: Rasse schämen sollte.* Und doch sind es die Studenten, die ihn schneiden und auf ihn herabsehen. Angriffe gibt es überall, in Hörsälen oder Laboratorien, und schlagende Verbindungen haben beschlossen, daß Juden nicht satisfaktionsfähig sind. In einem Dekret heißt es: *Jeder Mensch, in dessen Adern jüdisches Blut rollt, ist von Geburt aus ehrlos.*

So wächst Freud denn in eine ungewollte Oppositionshaltung hinein, wird mutig und unabhängig, muß keine Konzessionen machen. Am Ende genießt er es sogar, von der *kompakten Majorität* gemieden zu werden. Das Wort hat er aus Henrik Ibsens Stück »Der Volksfeind«. Und der junge Mediziner kann sich durchaus mit der Hauptfigur, dem Badearzt Dr. Stockmann, identifizieren. Stockmann entdeckt, daß der Boden unter dem florierenden Kurbad vergiftet ist. Daß *Massen von Bazillen* im Wasser schwimmen. Daß die Patienten Typhus bekommen werden. Das Bad, so sagt er, muß geschlossen werden. Aber da jaulen die Stadtväter auf. Nichts wird geschlossen! Das Geld fließt gerade so schön, und es soll weiter fließen – koste es, was es wolle. Es kostet Stockmann die Karriere. Und der erkennt, daß nicht nur die Heilquelle, sondern die ganze bürgerliche Gesellschaft verseucht ist. Und die greift er nun an, die *grenzenlose Dummheit* der Beamten, *die verdammte, kompakte liberale Majorität*, den ganzen verkommenen *Haufen*. Und die Versammlung brüllt: *Er ist ein Volksfeind!* Doch Stockmann bleibt am Ort. Ehrlich, mutig, kompromißlos. Er sagt: *Der stärkste Mann auf dieser Welt, das ist der, der ganz für sich allein steht.*

Wie Freud, dem inzwischen zumute ist, als hätte er *den ganzen Trotz und die ganze Leidenschaft* seiner Ahnen geerbt, *als sie ihren Tempel verteidigten*. Aber er hat auch Verbündete an der Universität. Verbündete und Vorbilder. Seine Professoren. Carl Claus – Leiter der Anatomie, Ernst Brücke – Leuchte der Physiologie, Hermann Nothnagel – Chef der Inneren Medizin, Theodor Billroth – gefeierter Chirurg. Sie alle kommen aus Deutschland, heben das Niveau, ignorieren die kleinkarierten Antisemiten und fördern die Begabten.

Seine Professoren – allen voran Brücke und Claus – sind wie Freud Anhänger der neuen Lehre Darwins, dessen revolutionäres Werk von der »Entstehung der Arten durch natürliche Auslese« 1859 erschienen war. Bibelfeste Schöpfungsgläubige waren auf die Barrikaden gegangen. Für sie war der Gedanke unerträglich, daß Adam und Eva samt paradiesischer Flora und Fauna um begrenzte Ressourcen kämpfen sollten, daß nur überleben könnte, was der Konkurrenz gewachsen ist, daß der Schwache dem Starken weichen muß und daß nichts, was real ist, auch ewig sein wird. Darwins Sündenfall – so sagten die Christen – war, daß er die Menschen den Tieren gleichstellte. Daß er es wagte, Gott einen guten Mann sein zu lassen, der keinen Einfluß hatte auf die Natur. Daß er behauptete: Alles, was ist, ist entstanden durch weltliche Kraft.

Freud, der von sich sagt, er sei ein *gottloser Mediziner*, ist schwer beeindruckt von Darwins Lehre, *weil sie eine außerordentliche Förderung des Weltverständnisses* verspricht. Er will ja selbst ein Wissenschaftler werden, ein *Selbstdenker*, wie sein Lieblingsautor Börne es nannte. Und so ist denn auch er auf der Suche nach Wahrheit und damit – wie Darwin – auf dem Wege, Illusionen zu zertrümmern. Darwin war der erste Grund für Freuds Umschwenken von Jura zu Medizin. Den romantischen Grund hat er sich aus Goethes Fragment »Die Natur« geholt. Darin beschreibt der Dichter sie als prachtvolle Mutter, die nur ihren Lieblingskindern zeigt, wo sie Geheimnisse entdecken können. Doch ohne Privileg, ohne Geist und Genie reißt man *ihr keine Erklärung vom Leibe, trutzt ihr kein Geschenk ab, das sie nicht freiwillig gibt*. Die Natur spielt und erfindet, baut und zerstört. Und *alles ist neu und doch immer das Alte*.

1876 schickt Professor Claus den 20jährigen Freud mit einem Stipendium von 180 Gulden nach Triest in die frisch eingerichtete Versuchsstation für Meeresbiologie. Da soll er Aale sezieren. Soll prüfen, ob sie tatsächlich Hermaphroditen sind oder vielleicht doch zwei Geschlechter haben. 400 Exemplare wird der Student aufschneiden und unter die Lupe nehmen. Es kommt am Ende nicht viel dabei heraus, auch wenn Freud in einigen Exemplaren diese kleinen Lappen findet, die Aalhoden sein könnten. Vielleicht. Also Lob vom Professor, aber der junge Forscher ist enttäuscht. Er fühlt sich wie in Goethes »Faust«, wo Mephisto frohlockt: *Vergebens, daß ihr ringsum wissenschaftlich schweift, / Ein jeder lernt nur, was er lernen kann*. Verlockender

In Triest seziert Freud 400 Aale und sucht mit der Lupe nach ihren Hoden.
Aquarium, Triest

Ich plage nun mich und die Aale, ... Aalmännchen wiederzufinden, aber vergebens, alle Aale, die ich aufschneide, sind vom zarteren Geschlecht.

AN EDUARD SILBERSTEIN, 5. APRIL 1876

als die Aale sind für ihn in Triest die *italienischen Göttinnen*. Verführerischer als alle Wienerinnen. Aber Freud ist scheu und traut sich nicht. *Da es nicht gestattet ist Menschen zu sezieren,* schreibt er heiter-resigniert an Freund Silberstein, *habe ich eigentlich gar nichts mit ihnen zu tun.*

Ruhe und Befriedigung findet er erst nach seiner Rückkehr aus Italien im Laboratorium von Professor Brücke. Brücke ist einer, der einschüchtert. Er ist klug, kühl, karg. Ein strenger Prüfer. Ein scharfer Beobachter. Einer, dessen Blicke vernichten können. Eine Autorität. Er wird Freud in die Geheimnisse des Nervensystems einführen, und der Adlatus bewundert und verehrt ihn über alle Maßen. Brückes Labor ist im Parterre einer ehemaligen Gewehrfabrik untergebracht. Nicht sehr einladend. Es ist düster und riecht muffig. Ist ohne Elektrizität. Gas gibt es auch nicht. Wasser muß aus einem Ziehbrunnen geholt werden. Abgekocht wird es auf Spiritusbrennern. Und die Versuchstiere turnen im Schuppen durch ihre Käfige.

Freud nimmt es mit den Zeiten im Laboratorium nicht so genau. Ist rechtzeitig da oder auch mal nicht. Eines Tages empfängt ihn *Meister Brücke* beim Zuspätkommen. Nein, nicht, was sein Professor sagt, läßt Freud vor Scham versinken. *Das Überwältigende,* schreibt er in seiner »Traumdeutung«, *waren die fürchterlichen blauen Augen, mit denen er mich ansah und vor denen ich verging.* Er träumt von diesen Augen-Blicken, träumt aber auch, daß er selbst so gucken kann. Und er weiß, daß er Brückes Meisterschüler ist in den sechs Jahren, in denen er bei ihm denkt und forscht und versucht, das Rätsel des menschlichen Nervensystems zu entwirren.

In Brückes Kreis lernt Freud nun auch jenen Mann kennen, der ihn für die Psychoanalyse begeistert: Dr. Josef Breuer, berühmter Wiener Arzt und Physiologe, vierzehn Jahre älter als er, wohlhabend, gütig, großzügig, erfolgreich und hochgebildet. Freud ist mal wieder hingerissen. Schreibt, *der Mann verbreitet Licht und Wärme.* Und wenn er sich mit ihm unterhält, ist ihm, *als ob ich in der Sonne säße.*

Breuer lädt ihn bald zu sich nach Hause ein, diskutiert mit ihm, berät ihn und hilft auch mal mit Geld aus. Freud fühlt sich in dieser großbürgerlichen Umgebung wohl wie nie. Geht im Hause bald ein und aus und erlebt die glücklichste Ehe zwischen seinem Mentor und dessen hübscher Frau Mathilde. Nach Freuds Promotion nimmt Breuer ihn sogar auf seine Visiten mit, auch außerhalb von Wien. Einmal übernachten sie in einem Gasthaus in Baden. Da trägt Breuer ihn als seinen Bruder ins Gästebuch ein, damit der klamme Freud den Kellnern kein Trinkgeld geben muß.

Und einmal gehen die beiden in der Stadt spazieren. Da kommt der Ehemann einer Patientin auf Breuer zu. Freud bleibt zurück, um das Gespräch nicht zu stören. Danach erzählt Breuer, daß die Frau als *Nervöse* bei ihm in Behandlung ist, weil sie sich in Gesellschaften stets so auffallend laut in den Vordergrund spielt. Na ja, sagt er, *das sind immer die Geheimnisse des Alkovens.* Freud fragt ganz neugierig, was er denn damit meint. Und der *freundlich belehrende* Breuer erklärt ihm das Wort – *des Ehebettes.* Dabei will Freud doch die Geheimnisse wissen.

»Rauchen läßt sich nicht entbehren, wenn man nichts zum Küssen hat«
Freud verlobt sich

Im April 1882 haben Freuds Schwestern wieder einmal Besuch. Und wie immer schaut der junge Doktor kurz ins Zimmer, begrüßt die Familie und den Gast. Doch dieses Mal verschwindet er nicht wie sonst gleich wieder in seinem Kabinett, dieses Mal ist er gefesselt. Da sitzt am langen Eßtisch ein bezauberndes zartes, blasses Mädchen mit strengem Mittelscheitel und großen dunklen Augen. Sitzt da und schält zu reizendem Geplauder einen Apfel. Evas Apfel! Freud ist völlig *außer Fassung*, setzt sich zu den Damen und fragt und hört zu. Martha heißt das schöne Kind also, Martha Bernays, kommt aus Hamburg, lebt in Wien, ist 21 Jahre, orthodoxe Jüdin und hat die beste Schulausbildung genossen. Zu Hause herrschen preußische Sitten – Anstand, Ordnung, Pünktlichkeit. Und was liest sie so? »David Copperfield« liest sie. Charles Dickens. Der ist einer ihrer Lieblingsautoren. Und sie erzählt, lacht, schält weiter an ihrer Verführung – und bei Freud ist der Blitz eingeschlagen. Ein coup de foudre. Die oder keine will er. Und sieht sie nicht aus wie die schöne Melusine

*Die strenge Schwiegermutter stellt Freuds Liebe zu seiner Martha auf harte Proben.
Amor und Psyche, Kapitolinische Museen, Rom*

aus Goethes »Wilhelm Meister«? Aber nein, nein, diese Martha ist doch keine Nixe, *sondern ein holdes Menschenkind*. Und dem schickt er nun Tag für Tag eine Rose. Mit Visitenkarte. Und auf die schreibt er Sprüche, Wünsche, Hoffnungen. In allen Sprachen, die er kann. Lateinisch, spanisch, englisch, deutsch. *Prinzeßchen* nennt er seine Märchenfee, von deren Lippen *Perlen* fließen.

Sie schenkt ihm ein Foto von sich, und er überlegt, ob er dieses Bild zu seinen *Hausgöttern* hängen soll. Martha überm Schreibtisch zwischen Alexander dem Großen, Sophokles, Hannibal und Cromwell? Nein, *die harten Männergesichter, an die ich mit Verehrung denke*, schreibt er ihr, *darf ich zeigen, das zarte Mädchenantlitz muß ich verbergen*. Martha kommt ins Kästchen. Und Freud gesteht, daß er sich gar nicht traut zu sagen, wie oft er ihr Konterfei in vierundzwanzig Stunden anschaut. Er lädt sie zu Spaziergängen ein. Einmal sind sie sogar allein und schlendern Arm in Arm den Kahlenberg hinunter. Freud schenkt der süßen Preußin ein Sträußchen Eichenblätter. Aber die mag sie nicht. Von da an findet ihr Kavalier Eichen auch gräßlich. Dann backt Martha einen Kuchen für ihn, und er schenkt ihr einen Charles Dickens, sie ihm einen Blütenzweig fürs Kabinett, und er besucht mit ihr den Prater, aber da ist schon wieder Marthas strenge Mutter Emmeline dabei. Nie können die beiden so richtig miteinander reden – über die Liebe, über die Zukunft. Dauernd werden sie beobachtet. Ihre Gefühle entladen sich versteckt bei einem Abendessen, wo sie einander unterm Tischtuch die Hand drücken. *Theure Martha*, schreibt er ihr, *wie haben Sie mein Leben verändert*. Ja, er möchte sie heiraten. Und das sagt er ihr jetzt auch. Und Martha, die genauso verliebt ist, flüstert ihm zu, daß sie ein Geschenk für ihn hat.

Das Geschenk ist die Kopie eines Rings, den Marthas verstorbener Vater getragen und den er für seine Tochter hatte nachbilden lassen. Ein Goldring mit eingefaßter Perle. Den schenkt sie Freud am 17. Juni 1882. Und damit sind die beiden – zwei Monate nach dem Tag, als die verführerische Martha den Apfel schälte – verlobt. Heimlich verlobt. Denn Marthas Mutter wäre entsetzt über die Verbindung.

Und Freud ist entsetzt, daß noch andere Männer seine Martha bewundern. Einer ist Maler, der andere Komponist, heißt Max Mayer und ist Marthas Vetter. Sie soll ihn bitte nicht mehr Max nennen! sagt Freud in einem Anfall von Eifersucht. Sie soll ihn siezen, diesen Rivalen, soll »Herr Mayer« zu ihm sagen! Zu ihrem Vetter? Martha muß lachen. Das kommt gar nicht in Frage. Aber Künstler, sagt Freud zu ihr, haben nun mal diesen unfairen Vorteil gegenüber einem Wissenschaftler. Ja, ja, er weiß, daß seine Eifersucht krankhaft ist. Weiß auch, daß er eine *Neigung zur Tyrannei* hat. Sagt: *Ich bin so aus-*

schließlich, wo ich liebe. Aber weiß er auch, daß sein gefährlichster Feind ganz woanders sitzt? Es ist Marthas Mutter Emmeline Bernays. Sie stellt sich für ihre Tochter einen anderen Mann vor als diesen Mediziner, der ganz am Anfang steht. Und am Anfang von was! Und dann sind die Freuds aus dem Osten. Sind arm. Haben nichts. Die Bernays haben auch nichts. Aber sie sind doch wenigstens wer. Marthas Großvater war Oberrabbiner in Hamburg, Marthas Onkel ist Shakespeare- und Goethe-Forscher in München und Vorleser König Ludwigs II. Der Verlobte von Minna, ihrer zweiten Tochter, ist Sanskritforscher. Und für Martha wird sich auch noch ein passender Mann finden. Doch Martha hat sich entschieden. Die streng religiöse Jüdin hat sich für einen jüdischen Atheisten entschieden. Niemand wird ihr Sigmund Freud mehr ausreden. Und der lebt in der *Gewißheit, daß Martha mein eigen bleibt solange sie Martha bleibt.*

Heimlich gehen Briefe mit den verschlungenen Initialen M und S hin und her – von eingeweihten Freunden unverfänglich adressiert. *Mein teures, heißgeliebtes Mädchen* ... Heimlich treffen die Liebenden sich für eine Stunde im Park oder Prater. Heimlich reist er der Verlobten hinterdrein, als sie ihren Urlaub beim Onkel in Hamburg verbringen muß, und heimlich schwärmen sie von Zukunft, Glück und Seligkeit, wo niemand mehr hochschrecken und Angst haben muß, sondern er zu ihren Füßen sitzt *auf dem runden Schemel, und wir werden von der Zeit sprechen, da nicht der Wechsel von Tag und Nacht, nicht das Eindringen Fremder, kein Abschied und keine Besorgnis uns trennen wird.* Doch da ist der Abschied schon beschlossene Sache. Marthas Mutter hat entschieden: Die Familie zieht zurück nach Hamburg. Und basta. Sie weiß doch längst Bescheid. Auch von der Verlobung. Und an eine Heirat will sie gar nicht denken. Der junge Mann soll sich erst mal habilitieren und Geld verdienen. Und das wird ja wohl noch dauern. Aber eine lange Verlobungszeit am gleichen Ort? Nein, sagt sie streng, *das Mädchen wird blutarm, und der Mann fällt durchs Examen.*

Man kann sich doch nur ordentlich liebhaben, wenn man nahe ist. Was ist eine Erinnerung gegen was vor den Sinnen Stehendes!
AN MARTHA BERNAYS, 26. JUNI 1885

Weg aus Wien? Warum? Freud ist fassungslos. Schreibt an Marthas Schwester Minna, die vier Jahre jüngere Vertraute, daß Emmeline Bernays *gegen uns alle Stellung nimmt wie ein alter Mann.* Der Umzug ist doch nichts als eine *Laune.* Und es ist ihr völlig egal, *mich und Martha dadurch auf lange Jahre* zu trennen. *Das ist gewiß kein Edelmut.* Im Gegenteil, es ist *die Rücksichtslosigkeit des energischen Alters.* Freud und Martha leben doch schon so gesittet. Sie küssen und umarmen sich. Mehr nicht. Die Braut bleibt unberührt. Dabei ist sie 21 Jahre und er 26. Und sie wissen nicht, daß noch mehr als vier Trennungsjahre vor ihnen liegen. Endlose Zeit. Qualvolle Enthaltsamkeit. Unterdrückte Sexualität. Freud weiß, worüber er schreibt, wenn er Jahre später Theorien über seelische Störungen durch sexuelle Erkrankungen aufstellt. Weiß auch, warum er so viel raucht. Ersatzbefriedigung. *Rauchen läßt sich nicht entbehren, wenn man nichts zum Küssen hat.* So trennen sich denn die Liebenden, schwören, einander treu zu sein und zu schreiben. Wenn möglich, jeden Tag. Und wenn Freud ein paar Gulden übrig hat, schickt er sie gleich an Martha nach Wandsbek. Sie soll sich eine Feder für ihren Hut kaufen und sich mit einer Flasche Wein ein paar vergnügte Stunden machen.

Und jeden Tag arbeitet er nun im Wiener Allgemeinen Krankenhaus, geht von Abteilung zu Abteilung, in die Chirurgie, die Innere Medizin, die Psychiatrie, Dermatologie, Augenheilkunde, forscht im Laboratorium für Hirnanatomie und hangelt sich vom Secundarius aspirans, vom Arztanwärter, langsam hoch zum Privatdozenten. Ehrgeizig und zielstrebig. Und oft voll Wut und Zorn auf Kollegen, die ihm den Weg versperren. Wilde Phantasien geistern dann durch seinen Kopf. Mordgelüste nicht ausgeschlossen. *Wo immer es in der Welt Rangordnung und Beförderung gibt,* heißt es in der »Traumdeutung«, ist der Weg frei *für der Unterdrückung bedürftige Wünsche.*

Abends im Kabinett schreibt dann ein Real-Romantiker an sein *geliebtes Marthchen,* mit der er einmal *zwei oder drei Zimmerchen* bewohnen möchte, denn man kann sich ja nicht nur *liebhaben,* man braucht ja auch *einen Herd, auf dem das Feuer für die Mahlzeiten nicht ausgeht,* braucht Möbel, Tische, Stühle, Betten, Spiegel, einen Lehnstuhl für die *Träumerei,* Teppiche, *damit die Hausfrau leicht den Boden rein halten kann,* Kleider und *Hüte mit künstlichen Blumen* und eine gefüllte Vorratskammer, *wenn uns plötzlich der Hunger oder ein Gast überfällt.* Und Bücher brauchen sie, feine Weingläser, ein Nähtischchen, Uhren, Lampen ... Freud kann gar nicht mehr aufhören, schwelgt sich – *o mein teures Marthchen* – in einen perfekten Haushalt, in *eine kleine Welt von Glück,* in der *ein großer Schlüsselbund* klirren muß. So. Und nun soll sie ihm aber schreiben, wie sie aussieht. Ob sie zugenommen hat. Ob ihre

Haut inzwischen reiner ist als bei ihrer Abreise. Sie muß an die frische Luft gehen, muß laufen, Rotwein trinken und *Blaudsche Eisenpillen* schlucken, die so gut gegen Bleichsucht sind. Also: ordentlich essen und dicker werden! *Sonst frage ich bei Minna an.* Oder er verkauft seine Bibliothek, besorgt sich einen Fahrschein nach Hamburg-Wandsbek und lauert ihr *im Gehölz* auf. *Willst Du das, Geliebte?*

»Ich bin ein großer wilder Mann, der Cocain im Leib hat« Freud experimentiert mit Drogen

Freud hatte über einen Militärarzt gelesen, der seinen Soldaten während eines Herbstmanövers Kokain verabreichte, und die jungen Krieger sollen sehr kräftig und angriffslustig geworden sein. Das klang interessant. Freud bestellt sich also bei der Firma Merck in Darmstadt ein Gramm der Droge und ist erschrocken, als er den Preis hört. Nicht 33 Kreuzer, wie er glaubte, sondern 3 Gulden und 33 Kreuzer. Er kauft das Gramm auf Kredit und probiert das Mittel zunächst an sich selbst aus. Er ist begeistert. Ein Zwanzigstelgramm – und seine Depression ist wie weggeblasen. Und die geistige Leistungsfähigkeit? Keine Spur beeinträchtigt. Ein *Zaubermittel*. Er gibt es einem schwer Magenkranken – und es hilft. Die Schmerzen sind fort. *Ich fühle mich erst jetzt als Arzt,* schreibt er beglückt an seine Braut, *seitdem ich einem Kranken geholfen habe.*

Und das Kokain, findet er, stimuliert weit ungefährlicher als Alkohol. Es heitert auf, beruhigt die Nerven, nimmt die schlechte Laune, baut Depressionen ab – und hebt auch noch die Manneskraft. Vor allem aber – so glaubt Freud – macht es nicht süchtig. Er drängt die Wunderdroge seinen Freunden auf, gibt sie den Kollegen für ihre Patienten, verteilt sie an seine Schwestern, *kurz, vom Standpunkt unseres heutigen Wissens aus gesehen,* schreibt Ernest Jones, Freuds späterer Freund und großer Biograph, *war er auf dem besten Weg, gemeingefährlich zu werden.*

Freud schickt auch Martha ein Fläschchen mit einem halben Gramm nach Wandsbek. Sie soll das mal nehmen, das macht stark. Und *wehe, Prinzeßchen, wenn ich komme. Ich küsse Dich ganz rot u. füttere Dich ganz dick, u. wenn Du unartig bist, wirst Du sehen, wer stärker ist, ein kleines sanftes Mädchen, das nicht ißt, oder ein großer wilder Mann, der Cocain im Leib hat.*

Psychopathologie und Neurosenforschung sind die neue Richtung, die Freud einschlägt.
Jardin de Luxembourg, Paris

Mit seiner Braut träumt Freud vom kleinen Glück mit Tisch und Stuhl und Bett und Spiegel.
Via del Corso, Rom

Freud sammelt nun Literatur über Kokain. Will nach weiteren Versuchen ein Loblied auf die Droge singen, einen Aufsatz für die Ärztezeitschrift. Selten hat ein Wissenschaftler so literarisch über ein Sach- und Fachthema geschrieben. Freud erzählt die Sage vom Sohn des Sonnengottes, der zur Erde herabsteigt und die Wunderpflanze an die Armen verteilt, erzählt von den Indianern, die Cocablätter kauen, von religiösen Riten und auch von seinen eigenen Erlebnissen: *Man fühlt eine Zunahme der Selbstbeherrschung, fühlt sich lebenskräftiger und arbeitsfähiger.* Und er hofft, ja, er wünscht, endlich berühmt zu werden und heiraten zu können. Er nennt das ironisch sein *Jagen nach Geld, Stellung und Namen.* Daß er nicht – noch nicht – berühmt wird, daran ist, wie er halb im Ernst und halb im Spaß sagt, seine Martha schuld. Denn Martha, die Sirene, die Geliebte, lockt. Ein Jahr haben die beiden sich nicht gesehen. Sie hat Sehnsucht, er hat Sehnsucht, ja, er will endlich Urlaub machen, muß zu ihr nach Hamburg. So kürzt er seine Arbeit ab. Erzählt zwei befreundeten Kollegen noch von der Möglichkeit, daß Kokain vielleicht auch betäubende Eigenschaften haben könnte – und steigt aufgeregt und nervös in den Zug nach Norden.

Freuds Artikel macht Schlagzeilen. Er wird sogar im Ausland gedruckt und gewürdigt. Den Ruhm aber, den erntet einer der beiden Kollegen. Der findet heraus, daß Kokain, besonders bei Augenoperationen, bestens für Betäubungen geeignet ist. Lokalanästhesie – das ist die wahre Entdeckung. Und Freuds Lorbeeren welken am Ende noch ganz dahin, denn kritische Ärzte werfen ihm vor, er habe mit Kokain – neben Alkohol und Morphium – *die dritte Geißel der Menschheit* gepriesen und verharmlost. Schlimmer aber ist für Freud die Geschichte mit seinem Freund Ernst von Fleischl-Marxow. Der Physiologe litt seit Jahren unter schrecklichen Nervenschmerzen, nahm Morphium, wollte weg von der Droge und schaffte es nicht. Freud glaubte felsenfest, er könnte ihn mit Kokain von seiner Abhängigkeit befreien. Er hat es bitter bereut. Fleischl-Marxow wird nach kurzer Zeit auch noch kokainsüchtig. Ist nicht mehr zu retten. Wird Jahre dahinsiechen. Und sterben. Und Freuds Schuldgefühle reichen weit in seine Träume hinein. *Sein Untergang,* schreibt er an seine Braut, *wird mich berühren, wie einen alten Griechen die Zerstörung eines heiligen ... Tempels ergriffen hätte.*

Gespräch zwischen Breuer und ihm sei so *intim persönlich* gewesen, daß er ihr erst davon erzählen darf, wenn sie verheiratet sind.

Also Bertha Pappenheims Vater wird schwer krank. Das ist das Ereignis, das ihre Hysterie auslösen wird, denn die Tochter liebt ihren Vater abgöttisch. Nicht ihre Mutter, sondern sie ist nur noch für ihn da. Pflegt ihn aufopfernd, leidet, daß es ihm nicht bessergeht, identifiziert sich mit seinen psychosomatischen Symptomen, mag auch nicht mehr essen, ekelt sich vor Nahrung, wird schwach und schwächer und hustet zum Erbarmen. Sie kann und sie darf den Vater so nicht mehr weiter pflegen. Als der stirbt, wird Bertha Pappenheim zum Fall. Ihr Kopf schmerzt, sie hat Sehstörungen, Angst überkommt sie, sie glaubt, die Wände stürzen über ihr ein, sie halluziniert, schimpft, schmeißt mit Kissen um sich, wenn jemand ihr Zimmer betritt, fürchtet, daß sie verrückt wird, sieht überall nur noch Totenköpfe und Gerippe und Schlangen. Schwarze Schlangen. Ihre Haare sind Schlangen. Bertha-Medusa. In den kurzen wachen Augenblicken nach Sonnenuntergang klagt sie über *die tiefe Finsternis* in ihrem Kopf, klagt, daß sie die Menschen nicht mehr erkennt, klagt über ihre *zwei Ichs*, ein echtes Ich und eins, das nur Schlechtes und Schlimmes von ihr verlangt. Und plötzlich kann sie nicht mehr richtig sprechen. Die ganze Grammatik ist weg. Vergessen. Und Artikel? Was sind das? Sie spricht im Telegrammstil. Vergißt dann auch noch die letzten Wörter, verstummt. Und dann ist sie mit einemmal eine Engländerin. Spricht nur noch englisch. Die Wärterin, die ihre Mutter für sie angestellt hat, versteht kein Wort.

Breuer besucht seine junge Patientin jeden Abend. Und Anna O., die Reizvolle, die so charmant sein kann, mag ihren Arzt, der fragt und zuhört. Denn sie erzählt gern und natürlich auf englisch, und es dauert, bis er sie davon überzeugen kann, daß sie tatsächlich englisch spricht. Sie erzählt reizende Geschichten, meist aber traurige. Und nach dem Reden geht es ihr besser. Sie nennt die Sitzungen ihre *talking cure*, ihre Redekur. Und einmal, als sie sehr vergnügt ist, beschreibt sie die befreiende Erzählerei als *chimney sweeping*, Kaminfegen. Und damit drückt die kluge Patientin genau das aus, was Psychoanalyse einmal sein wird.

... das Interesse, das man ihr bezeugt, das Verständnis, das man sie ahnen läßt, die Hoffnung auf Genesung, die man ihr macht, werden die Kranke bestimmen, ihr Geheimnis aufzugeben.

STUDIEN ÜBER HYSTERIE, 1895

Eines Tages steht Breuer fast wieder am Anfang. Anna O. trinkt nicht mehr. Trinkt trotz der Hitze nicht. Hat schrecklichen Durst, kriegt aber keinen Schluck runter. Da hypnotisiert Breuer sie. Und in der Hypnose erzählt Anna O., daß diese englische Gouvernante, die als Gesellschafterin für sie im Haus ist, ihren kleinen Köter aus einem Glas trinken ließ. Einem Glas! Aus dem vielleicht sie sonst trinkt! Da ist er, der Ekel-Grund. Und einmal ausgesprochen, verschwindet die Phobie. Was für Aussichten! Breuer wird seine so wunderbar geeignete Patientin nun oft in Hypnose versetzen. Wird sie in dem Zustand auf all ihre Ängste ansprechen. Und er bekommt die Antworten. So fegt denn Anna O. langsam selbst ihre Krankheiten aus dem Körper und von der Seele. *Chimney sweeping.*

Aber gesund? Ist sie tatsächlich nach eineinhalb Jahren Behandlung gesund? Breuer schreibt in den »Studien über Hysterie«, die er Jahre später zusammen mit Freud publiziert, daß er im Fall Anna O. interessante Einzelheiten nicht berichtet hat. Und so gibt es denn über Bertha Pappenheim, die einmal eine berühmte Frauenrechtlerin werden wird, noch eine ganz besondere Geschichte, die Breuer wohl seinem jungen Freund in jener heißen Julinacht erzählt hat und die Freud seiner Martha erst dann erzählen soll, wenn sie mit ihm verheiratet ist.

Also am Abend des Tages, als alle Symptome der Patientin behoben schienen, so erzählt Freud, wird Dr. Breuer in großer Aufregung gerufen. Er soll sofort kommen. Bertha windet sich vor Schmerzen und hat schwerste Krämpfe im Unterleib. Als Breuer seine Anna O. fragt, was denn um Himmels willen passiert ist, keucht sie: *Jetzt kommt das Kind, das ich von Dr. B. habe.* Breuer muß wohl fassungslos gewesen sein über diese hysterische Schwangerschaft. Jedenfalls schreibt Freud: *In konventionellem Entsetzen ergriff er die Flucht und überließ die Kranke einem Kollegen.* Ja, Breuer war geflohen. Und das hatte einen Grund. Mathilde Breuer war eifersüchtig auf Anna O., weil ihr Mann zu Hause von nichts anderem mehr sprach als von Anna und ihren Fortschritten. Also entschloß Breuer sich, mit seiner Frau, die er ja liebte, eine Reise nach Venedig zu machen. Nun aber wurde Anna O. eifersüchtig und erlebte den hysterischen Anfall der Geburt. Das Delikate war, daß Breuer in Venedig eine Tochter gezeugt hatte. Dies ist wohl die interessante Einzelheit, über die er in den »Studien über Hysterie« nicht berichtet.

Und Freud? Der ahnt vielleicht, daß Breuer mit dem Fall Anna O. einen Schlüssel in der Hand hielt – und ihn fallen ließ. Damals bewundert der junge Mediziner seinen Mentor noch, wenn er auch nichts *Faustisches* an ihm findet, wenn der auch zu viel *ja* und dann *aber* sagt. Breuer wird später zugeben, *daß das Eintauchen in die Sexualität in Theorie und Praxis nicht nach meinem Geschmack ist.* Für Freud hat es nichts mit Geschmack, sondern mit Erkenntnis zu tun. Aber das dauert noch Jahre. Nach dem spannenden Fall der Anna O. wird er eine neue Richtung ansteuern: die Psychopathologie und die Neurosenforschung. Das Zentrum dieser jungen Wissenschaft liegt in Paris. Er wird sich ab sofort für ein Stipendium bewerben, für die Vorlesungen des berühmten Jean Martin Charcot, den Revolutionär in Sachen Hysterie – Freuds Faust.

»Ich bin weder Österreicher noch Deutscher – ich bin Jude« Studienaufenthalt in Paris

Was kann er denn noch für sein *Marthchen* tun, seinen süßen *Schatz*, sein *Mädchen* und *teures Weibchen*? Was wünscht sie sich von ihm? Einen *Zahn aus dem Kiefer des Kalifen, ein Kleinod aus der Krone der Königin Viktoria*? Sie soll es nur sagen, er würde sich sogleich bewaffnen und ins Morgenland ziehen.

Er zieht aber nach Hamburg-Wandsbek, bleibt ein paar Wochen in der Nähe seiner Braut, kann ihre Mutter endlich davon überzeugen, daß Martha und er sich lieben und heiraten werden. Aber wann? Wann endlich? Kann man nicht auch in Armut leben und abends trocknes Brot essen? fragt er seine Liebste. Und könnte sie nicht auf Ring, Geschenke, Brautkleid und auf das *Ah der Bewunderung verzichten*? Sie vergeuden doch ihre besten Jugendjahre. Und Martha erzählt, daß ihre Mutter neun Jahre verlobt war. Neun? Nicht auszudenken! Sie planen und rechnen, Tante Lea hat eine Mitgift versprochen, und die Verlobten spazieren um die Alster, gehen ins Theater, und dann ist wieder der Abschied da. Tränen auf dem Hauptbahnhof. Freud fährt nach Brüssel und nimmt von dort den Nachtzug nach Paris.

Ach, und dann fühlt er sich so unendlich einsam und verlassen in der Stadt seiner *Sehnsucht* und seiner *Seligkeit*. Wenn er nicht Bart, Zylinder und Handschuhe getragen hätte, schreibt er selbstironisch, wäre er gleich am 13. Oktober 1885, am Tag seiner Ankunft, mitten auf der Straße in Tränen ausgebrochen. Und die Franzosen! *Höflich aber feindselig.* Der Krieg von 1870/71 ist nicht vergessen. Vor allem nicht der Sieg des deutschen Erzfeindes bei Sedan. Und Freud spricht Französisch mit deutschem Akzent. Hört man hier

*Die Franzosen sind Freud unheimlich, wie von tausend Dämonen besessen.
Auf dem Turm von Notre-Dame, Paris*

Freud schreibt an seine Braut, daß er in der ganzen Stadt keine schönen Damentoiletten sieht.
Tuilerien, Paris

gar nicht gern. *Die Menschen sind mir unheimlich,* schreibt er an Martha, *ich glaube sie alle von tausend Dämonen besessen, höre sie anstatt »Monsieur«* ... *»A la laterne«* schreien. Wenn er sich später auf politische Diskussionen einläßt, sagt er, daß er kein Österreicher ist und kein Deutscher, sondern juif – Jude. Und dann sagen sie ihm, daß die Franzosen noch einmal fürchterliche Rache an Deutschland nehmen werden.

Und doch fängt Freud langsam an, die Stadt zu erobern. Geht ins Theater für einen Franc fünfzig, billigster Platz oben auf dem Olymp, *wirklich schändliche Taubenlöcherlogen.* Und nirgends schöne Damentoiletten. Überhaupt die Frauen – *nicht ein anständig hübsches Gesicht.* Aber Molière ist ein großer Spaß. »Die lächerlichen Preziösen«, diese Satire auf Literatentum in Weiberkreisen. Oder »Tartuffe«, dieser Schlag ins Gesicht der Kirche. Herrlich! Und er kann das Ganze auch noch als Französischunterricht nutzen, *sonst redet ja niemand mit mir.* Einen erträglichen Akzent wird er wohl nie bekommen, *aber wenigstens korrekte Worte bilden, muß zu erreichen sein.*

Paris wird von Tag zu Tag schöner. Die Place de la Concorde, die Tuilerien, die Champs-Elysées mit ihren Equipagen, die Seine, die Schiffe, die Parks, wo Kinder dem Hanswurst zuschauen und Ammen in der Sonne Säuglinge stillen. Und 300 Stufen sind es bis in den Turm der Notre-Dame. Freud zählt sie sehnsüchtig, denn auf jeder dunklen Stufe hätte er seiner Martha gern einen Kuß gegeben, *und Du wärst ganz atemlos und wild hinaufgekommen.* Im Louvre läuft er Stunden durch die Antikensammlung, fühlt sich mächtig angezogen von den vielen Kaiserbüsten, *auch die Venus von Milo ohne Arme habe ich gesehen und ihr das landesübliche Kompliment gemacht.* Aber erst die assyrischen Könige! Kolosse – *so groß wie Bäume, die Löwen wie Schoßhunde im Arm halten,* und geflügelte *Mannstiere* und Sphingen überall – *also eine Welt wie im Traum.* Doch die Stadt ist teuer. *Denke Dir,* schreibt er an Martha, *für drei Toilettenartikel (etwas Puder, etwas Teer und das Mundwasser), habe ich drei Francs fünfzig bezahlt!* Und für die neuen Stiefel mit *Schnüren* und *englischen Sohlen* sogar 22 Francs. 55 kostet das Hôtel de la Paix monatlich. Und Briefpapier ist teuer. Er kauft sich die feinste Feder, damit er mehr auf ein Blatt bekommt. Spart auch mit Streichhölzern, weil die Schachtel einen Sou kostet. Sogar für die Schürze, die er an seinem neuen Arbeitsplatz tragen muß, sind drei Francs zu hinterlegen. Und auf der Quittung steht der Privatdozent als *M. Freud, élève de médecin.*

Dann endlich ist der große Augenblick gekommen: Freud sieht den hochberühmten Direktor der Nervenklinik Salpêtrière zum erstenmal – Jean Martin Charcot. Im kleinen Hörsaal warten Ärzte, Assistenten und ein paar Kranke

Du hast recht zu vermuten, daß Paris einen neuen Anfang der Existenz für mich bedeutet. Ich habe dort einen Lehrer gefunden, Charcot, wie ich ihn mir immer vorgestellt…

AN CARL KOLLER, 13. OKTOBER 1886

auf den Meister, der Punkt zehn Uhr mit Zylinder den Raum betritt: 58 Jahre, groß, glattrasiert, die *langen Haarreste* hinter die Ohren gesteckt, volle Lippen und eigentümlich weiche Augen, das heißt eins, *das andere,* schreibt Freud, *ist ausdruckslos und schielt nach innen.* Kurz, der ganze Mann wirkt grandios wie ein *Weltgeistlicher.* Charcot setzt sich und fängt an, die Kranken zu untersuchen, erklärt, stellt Diagnosen, bittet um Fragen, beantwortet jede offen und lebhaft – also Freud ist restlos begeistert. Das kennt er nicht aus Wien. Da sind die Professoren eher von *vornehmer Oberflächlichkeit.*

Nach der Demonstration wird Freud, der Neue aus Österreich, vorgestellt. *Charmé de vous voir,* sagt Charcot und nimmt ihn auf eine kleine Runde mit, zeigt das Laboratorium, den Hörsaal, die Krankenzimmer, fragt, hört zu, korrigiert *höflich mein elendes Französisch* und sagt, er werde dafür sorgen, daß der junge Kollege schnell ein paar Kinderhirne bekommt. Sechs Wochen lang wird Freud sie in Charcots Pathologie sezieren und unterm Mikroskop analysieren auf Zerebrallähmung oder Sprachstörungen. Doch immer wieder treibt es ihn vom Labor in den Vorlesungssaal zu seinem genialen Mentor, der über Geisteskrankheiten spricht, über Hysterie, Paralysen und Neurosen. Und er setzt die Hypnose – die Freud ja nicht fremd ist – als Heilmittel ein und nicht, wie so viele Quacksalber, als theatralisches Brimborium. Charcot hebt mit der Hypnose hysterische Symptome auf und kann zugleich in der Hypnose hysterische Symptome produzieren. Freud ist schwer beeindruckt, wenn schmerzgeplagte Patienten nach der Behandlung wie befreit sind. *Nach manchen Vorlesungen,* schreibt er beglückt, ja fast verzückt an Martha, *gehe ich fort wie aus Notre-Dame.* Er hat dann keine Lust mehr, seine *eigenen dummen Sachen zu machen.* So ist denn der Sprung vom Neurologen zum Psychopathologen im Kopf bereits getan. Er wird den Leitspruch Charcots zu seinem eigenen Motto machen: *Theorie ist gut und schön, aber sie hindert Tatsachen nicht daran, zu existieren.*

Im Januar 1886 ist der 29jährige dann beim großen Meister zu einer Abendgesellschaft geladen. Charcot ist ja nicht nur ein berühmter Arzt, er ist

Mit Frack und einer Prise Kokain geht Freud am Abend zur Hautevolee.
Boulevard Montparnasse, Paris

auch ein steinreicher Salonlöwe. Und die Ehre, in sein *Zauberschloß* geladen zu werden, kostet den armen Freud, der unter chronischem Geldmangel leidet und sich immer irgendwo etwas leihen muß, ganze vierzehn Francs. Denn zu seinem Frack braucht er ein neues Hemd und weiße Handschuhe. Seinen Bart, der schon seit Wochen wuchert, läßt er sich auf französisch zurechtstutzen. *Ich war in tadelloser Toilette,* schreibt er seiner Braut. Fand sich überhaupt *sehr schön*. Und weil er aufgeregt und nervös ist, nimmt er vorher mal wieder, *um das Maul öffnen zu können,* eine Prise Kokain. Mit ihr wandelt er lustvoll durch den Abend, parliert gebrochen, aber ungeniert mit der Pariser Hautevolee, mit Gerichtsmedizinern, Mathematikern, Astronomen, Malern, einem Choleraspezialisten, dem Assistenten des großen Biologen Pasteur, dem Sohn des Schriftstellers Alphonse Daudet. Und er hört fasziniert dem verehrten Charcot zu, der einem Kollegen die verrückte Geschichte eines Ehepaars erzählt, das aus dem Orient angereist ist, um sich bei ihm behandeln zu lassen. Sie schwer leidend, er impotent. *C'est toujours la chose génitale,* sagt er, *toujours ... toujours ... toujours.* Und der Meister hält sich beide Hände vors Geschlecht und hüpft vergnügt ein paarmal auf und nieder. Freud ist ganz verwirrt und denkt: *Ja, wenn er das weiß, warum sagt er das nie?* Als er nach dem Kaffee ein kühles Bier trinkt, dampft er *wie ein Schornstein*. Doch ihm passiert nicht *ein einziges Malheur*. Und dann ist da noch die Tochter von Charcot, die millionenschwere Erbin Mademoiselle Jeanne, die ihrem Vater so verdammt ähnlich sieht. *Denke Dir nun,* schreibt Freud an seine Martha, *ich wäre nicht schon verliebt und sonst ein rechter Abenteurer ... Aber es ist doch besser so.*

Die Zeit in Paris geht zu Ende. Freud wird die Vorlesungen Charcots über Hysterie und Nervenkrankheiten ins Deutsche übersetzen. Er wird im Wiener Allgemeinen Krankenhaus kündigen und eine Privatpraxis aufmachen, weil er endlich heiraten will und Geld verdienen muß. Als Forscher in Wien hatte er keine Zukunftschancen. Nicht als Jude. So steht denn am 25. April 1886 in der »Neuen Freien Presse«: *Dr. Sigmund Freud, Dozent für Neuropathologie an der Universität Wien, ist von einem sechsmonatigen Aufenthalt in Paris zurückgekehrt und ordiniert jetzt Rathausgasse 7.* Die Anzeige kostet ihn 20 Gulden.

»Wir leben jetzt in Abstinenz«
Der Ehemann

Freud macht mal wieder einen Besuch bei Josef Breuer, erzählt von Paris, von Charcot, von der neuen Praxis, die so lala geht, dankt dem Freund für Patienten, die er ihm geschickt, und ist dann bei seinem alten Problem, beim ewigen Verlobten. Das muß ein Ende haben, er will Martha noch in diesem Jahr heiraten. Aber wie kann er, der Atheist, ein Feind aller Rituale, nur dieses ganze Brimborium vermeiden, dieses jüdische Hochzeitszeremoniell? Kann er nicht zum protestantischen Glauben übertreten? Das wäre ganz nach seinem Sinn. Da ist Protest drin und spartanische Haltung. Aber Breuer sagt nur knapp und realistisch: *zu kompliziert*. Und ganz unabhängig ist Freud doch auch nicht von Aberglauben, Zahlen und Symbolen. Fürchtet seit Jahren schon, daß er mit 50 stirbt. Oder mit 61 oder 62. So ganz genau nimmt er das auch wieder nicht. Aber es schlummert in ihm. Und Jahre später, kurz vor der Jahrhundertwende, als er ein Telefon bekommt, ist in der Nummer die 62 drin. Da ist sie wieder, die Unheilvolle, die ihn mit Schrecken ans Ende gemahnt.

Er wird nicht um das Hochzeitsritual herumkommen. Eine standesamtliche Trauung allein, ohne göttlichen Segen, gilt in Österreich nicht. Er muß sich nolens volens fügen. Muß über Nacht hebräische Gebetsformeln lernen, die Marthas Onkel Elias ihm wieder und wieder vorspricht.

Am 14. September 1886 ist es dann endlich soweit: Der 30jährige Freud, in Gehrock und Zylinder, führt seine 25jährige Martha, mit einer Rose im hochgeschlossenen Kleid, in die Wandsbeker Synagoge. Tritt stoisch mit ihr unter die Chuppa, den Baldachin, der das Dach der Welt und der Ehe symbolisiert, zertritt auch das Glas mit dem Fuß, das an die Zerstörung des Tempels von Jerusalem erinnern soll. So weit geht er. Wenn auch mit heiligem Zorn. Danach geht's zum Hochzeitsmahl ins Haus von Marthas Mutter. Es gibt Suppe jardinière, Pasteten, Fischsalat, Filet de bœuf mit Kartoffeln, Erbsen, Spargel, Gänsebraten und Kompott.

Dann reist das selige Paar ab in die Flitterwochen, reist nach Lübeck und sonnt sich am Strand von Travemünde. Gleich am ersten Abend noch hatten die Frischvermählten einen vergnügten Brief an Mutter Emmeline Bernays geschrieben, der mit den Worten endet: *gegeben ... am ersten Tag des hoffentlich dreißigjährigen Kriegs zwischen Sigm. und Martha*. Es werden dreiundfünfzig Jahre. Und Krieg gibt es nicht. Doch es gibt eine bittere Enttäuschung für die fromme Frau Freud. Als sie am ersten Freitag in ihrem neuen Heim in Wien die Sabbatkerzen anzünden will, sagt ihr Mann: Nein. Nicht unter seinem Dach. Nie mehr. Freud ist da absolut Diktator. Kein koscheres Essen, keine Kerzen, kein Gebet und kein Gang zur Synagoge. Alles Aberglauben, Unsinn, Hokuspokus. Und natürlich kann am Sabbat gearbeitet werden. Und natürlich essen sie, worauf sie Lust haben. Wenn sie Geld haben. Am Geld fehlt es in den ersten Ehejahren immer. Und weil Martha besser wirtschaften kann, bekommt sie die Haushaltskasse. Sie ist die tüchtige, verläßliche und zwanghaft pünktliche Gattin. Praktisch, liebenswürdig, hanseatisch.

Am Anfang verwaltet sie nichts als den Mangel. Denn Freuds *Kampf um Wien* beginnt mit Niederlagen. Auch wenn Breuer und ein paar Professoren Patienten in seine Praxis schicken. Einige der Kranken sind interessant, einige zahlen sogar, viele langweilen Freud nur. Und es gibt Zeiten, da kann er sich nicht mal eine Kutsche für Hausbesuche leisten. Als die Kasse ganz leer ist, versetzt Freud die goldene Uhr, die sein Halbbruder ihm geschenkt hat.

Aber dann gibt es auch wieder Zeiten, da ist das Wartezimmer voll. Und er verdient fast vierhundert Gulden im Monat. Das ist mehr als ordentlich für einen, der an seinen ärztlichen Fähigkeiten zweifelt, was Freud tut. Es ist ihm ganz schrecklich, als eine Behandlung bei Hugo Thimig, dem berühmten Wiener Burgschauspieler, mißlingt. Und der bedankt sich auch noch höflich in einem Brief. Kommt aber nicht wieder. Freud möchte versinken und schickt das Honorar zurück. Lieber hält er seine Vorträge an der Universität. Spricht über das, was er in Paris bei Charcot gelernt hat, auch wenn viele Professoren da so ihre Bedenken haben, vor allem wenn Freud die These vertritt, daß auch Männer hysterisch sein können. Wie das? Freud müßte doch wohl wissen, daß Hysterie aus dem Griechischen kommt und mit *Gebärmutter* übersetzt wird. Also bitte. Da kann es ja wohl nichts mit Männern zu tun haben.

Meine Kinder sind jetzt prächtig ... Meine Frau ist wohl und heiter, sieht aber wenig befriedigt aus. Wir sind eben im Begriff alt zu werden, etwas vorzeitig für die Kleinen. Eigentlich denke ich doch den ganzen Tag nur an die Neurosen.

AN WILHELM FLIESS, 22. JUNI 1894

Freuds Patienten verirren sich im Labyrinth ihrer Gefühle.
Schloß Schönbrunn, Wien

*Vorbei an griechischen Göttinnen geht es hoch zu Freuds Couch.
Vestibül, Berggasse 19, Wien*

Freuds Ehe ist fruchtbar. Schon nach einem Jahr kommt das erste Kind auf die Welt. Und der selige Vater schreibt an die Schwiegermama, daß es *furchtbar häßlich* ist, aber 3 400 Gramm wiegt, was *sehr anständig ist*. Ein paar Tage später sieht das Baby bereits *viel schöner*, ja geradezu *recht schön* aus. Und das hat seinen Grund: Ein paar seiner Freunde hatten gesagt, daß die kleine Mathilde ihm *auffallend ähnlich* sieht. Ja, sie heißt Mathilde, die erste Tochter. Mathilde nach Josef Breuers Frau. Es ist immer Freud, der die Namen seiner sechs Kinder, die in neun Jahren zur Welt kommen, wählt. Sein erster Sohn wird Jean Martin heißen – nach Charcot. Der nächste bekommt den Namen Oliver, wie Oliver Cromwell, Freuds Idol aus Jugendtagen. *Es ist leicht zu merken,* schreibt er in der »Traumdeutung«, *wie die unterdrückte Größensucht des Vaters sich in seinen Gedanken auf die Kinder überträgt.*

Vier Wochen nach der Geburt von Mathilde lernt Freud Wilhelm Fließ kennen, jenen Hals-Nasen-Ohren-Arzt aus Berlin, mit dem er 17 Jahre lang korrespondieren wird. Über Nasen und Neurosen, Träume, Angst, Erotik und Paranoia, Melancholie und Magenschmerz, Migräne, Hysterie und höchst private, ja intime Probleme. *Geliebter Freund,* so nennt er ihn bald. Oder *Lieber Zauberer, Carissimo, Mein Teurer* und *Liebster Wilhelm*.

Es ist Breuer, der diesen Fließ, als der sich zur Weiterbildung in Wien aufhält, in Freuds Vorlesungen schickt. Und es ist Freud, der ganz entzückt ist von diesem geistreichen Kerl, der eine gutgehende Praxis in Berlin hat, ehrgeizig ist und kultiviert, intelligent und charmant und jede noch so verrückte Idee durchdenkt. Mutig bis hemmungslos. Mit einem Hang zur Spekulation. Das ist doch etwas anderes als Breuers ja – aber. So einen Grenzüberschreiter hat Freud immer schon gesucht. Nun ist er da. Und er hält ihn fest. Als Freud herausfindet, daß wohl jede Neurose einen sexuellen Ursprung hat, da spricht Fließ schon ungeniert über frühkindliche Sexualität. Und er hat eine verwegene Theorie: Die Nase, die bluten kann wie das weibliche Sexualorgan, ist ein *genitaler Ort*. Vor allem, weil sie in der Form einem Penis ähnelt. Und so vermutet Fließ denn, daß die Nase im Zusammenspiel mit periodischen Zahlen und den Gestirnen Einfluß auf Zeugung und Gebären hat. Das erinnert eher an herrliche Auswüchse in der Literatur, an Laurence Sternes Helden Tristram Shandy, dem bei der Geburt die »Nase« eingeklemmt wird; oder an Cyrano de Bergerac, dessen Nase so groß ist wie seine unerfüllten Gelüste. Für Freud aber ist Fließ – *der heute als verschrobener Kauz und pathologischer Numerologe gilt,* wie Freud-Biograph Peter Gay schreibt –, für ihn ist er ein Anreger, ein Zuhörer und Ideenspender, der Adressat seiner kompliziertesten Gedanken in Zeiten der Selbstanalyse, ein Leser seiner Aufsätze, ein Sezierer

Ich bin hier ziemlich allein mit der Aufklärung der Neurosen. Sie betrachten mich so ziemlich als einen Monomanen, und ich habe die deutliche Empfindung, an eines der großen Geheimnisse der Natur gerührt zu haben.

AN WILHELM FLIESS, 21. MAI 1894

seiner revolutionären Theorien. Freud wird ja, als er die Psychoanalyse entwickelt, von so vielen Kollegen angefeindet, verspottet und verlacht. Da braucht er einen, den nichts schockiert, der ihn kritiklos unterstützt. Und Fließ, der Jude ist wie er, kennt die Animositäten gegen ihresgleichen. Freud braucht aber auch einen, der ihn rückhaltlos bewundert. Auch das tut Fließ. Schon weil er Mitwisser eines Schöpfungsaktes wird. Und der Schöpfer schreibt ihm: *Du bist der einzige Andere, der alter.*

Freud hätte auch gern einen Sohn nach ihm benannt. Aber da bekommt er nur noch zwei Töchter: Sophie und Anna. Und als Freud unter Brustschmerzen und schweren Herzrhythmusstörungen leidet, teilt er das nur Fließ mit, nicht seiner Martha. *Sie ist nicht die Vertraute meiner Sterbedelirien,* läßt er den Freund wissen. Der stellt eine Ferndiagnose: Freud raucht zuviel. Er soll mal aufhören damit. 20 Zigarren am Tag! Wer kann das verkraften. Aber Freud verkraftet die Abstinenz nicht.

In der Liebe schon eher. Er schreibt an Fließ, daß seine Frau endlich wieder richtig auflebt, weil sie *ein Jahr kein Kind zu erwarten hat, da wir jetzt in Abstinenz leben.* Intimer geht es nicht. Und er fügt noch hinzu: *Du weißt auch dafür den Grund.* Den wird Fließ im Aufsatz »Über die Berechtigung« gelesen haben, in dem Freud schreibt, daß der Coitus interruptus schädlich ist und lustlos macht. Wo ist er geblieben, der große Eroberer? Der Liebeskranke, der wie ein Rasender um seine erotische Beute kämpfte? Der in Briefen Paradiese schuf? Der seinem Herzensmädchen die Seele zu Füßen legte und ihr alles, aber auch alles erzählte?

Seit 1891 wohnt die Familie in der Berggasse 19, die bald zu den berühmtesten Adressen Wiens gehören wird. Hier ist der feurige Liebhaber von einst zum feurigen Forscher geworden. Und Martha zur Mutter der Kinder. Zum sorgenden Hausgeist. Das findet Freud völlig in Ordnung. Gleichberechtigung? Kann er sich nicht vorstellen. Da steckt er tief im 19. Jahrhundert. Und er findet auch, daß die *Überlegenheit des Mannes das kleinere Übel ist.* Sonst ist er hochmodern. Das spricht sich langsam herum. Die Praxis füllt sich. Viele Patienten sind Nervenkranke, die mit Elektrotherapie oder Hypnose behandelt werden, Methoden, die Freud bald ablegt. Er will an die Wurzel des Übels. Nervenkrankheiten haben für ihn sexuelle Ursachen. Und die heißen: Masturbation, Coitus interruptus, unerfüllte Sexualität. Deshalb plädiert Freud, der sich in dieser Zeit als Gesellschaftsarzt fühlt, für *freien sexuellen Verkehr* zwischen jungen, unverheirateten Menschen. Das erhält die Gesundheit, fördert das Selbstvertrauen und läßt Neurosen erst gar nicht aufkommen.

Das ist ein Kanonenschlag ins Herz der Moral. Wie sieht denn die Gesellschaft damals aus? Stefan Zweig, der 25 Jahre jünger ist als Freud, hat es in seinen Erinnerungen »Die Welt von gestern« beschrieben: Ein *ahnungsloses Pädagogengeschlecht* wird im *Tiefstand der Psychologie* auf die Jugend losgelassen. Befiehlt, moralisch zu sein und sich zu beherrschen. Vor allem sexuell. Jeder Schritt vom Wege weg macht krank, Selbstbefriedigung sogar impotent und blind. Da blühen sie dann, die Ängste, Schuldgefühle und Minderwertigkeitskomplexe.

Noch als Student in Wien bekommt Zweig einen Merkzettel in die Hand gedrückt, auf dem steht, *daß jede sexuelle Erkrankung ausnahmslos »unheilbar«* ist. Kein Wunder, schreibt er, daß *dank dieser planhaften Aufzüchtung von Angst* alle Augenblicke irgendwo ein Revolver kracht. Und die verstörten Seelen, die an zu lang unterdrückter Lust leiden, werden in *Wasserheilanstalten* behandelt. Da *füttert man sie mit Brom und kämmt ihnen die Haut mit elektrischen Vibrationen*. Und erst die jungen Mädchen aus gutem Hause! *Luftdicht vom Leben abgeschlossen*. Mit Haken und Ösen bis zum Hals hoch in Form gebracht. Sie spielen Klavier, lernen Sprachen, können zeichnen, lesen saubere Bücher, idyllische Gartenlaubenromane, keine Ehedramen wie »Anna Karenina« oder »Madame Bovary«. Die ist ja sogar von einem französischen Gericht verboten worden. Wegen Unzucht. Und natürlich haben die Mädchen keine Ahnung, wie ein Mann ohne Anzug aussieht. Treten als unberührte Engel vor den Altar – und dann kommt der Schock. Zweig erinnert sich noch an die groteske Geschichte seiner Tante: Kirche, Trauung, große Feier, Hochzeitsnacht – und Panik. Mitten in der Nacht steht die Braut völlig aufgelöst vor der Wohnungstür ihrer Eltern und klingelt Sturm. Kind, was ist los? Was ist passiert? Sie sei mit einem Wahnsinnigen verheiratet, schluchzt die junge Frau. Mit einem Wüstling. Nie wieder will sie ihn sehen. Ja, was hat er denn gemacht? Er hat versucht, sie zu entkleiden! Mit Mühe und Not konnte sie ihm gerade noch entkommen. Das ist sie, die gute alte Zeit, die vorfreudianische Psychologie: Nur nicht aufklären. Der Kopf regiert die Gefühle. Das Hirn siegt über den Unterleib. Der Mensch muß es nur wollen. Triebe lassen sich durch Vernunft beherrschen. Aber wie sieht das Fazit aus? Es werden Nervenbündel geschaffen, Neurastheniker – serienweise. Meist sind sie weiblich.

Die Männer gehen ins Bordell. Oder in Tanzdielen, Bars und Nachtlokale. Animiermädchen stehen überall herum, und Prostituierte gibt es zuhauf. Triebe können nicht unterdrückt werden, nur weggedrückt. Vom Bewußten ins Unbewußte. Besser, man läßt sie raus. Wie Arthur Schnitzler. Er ist sechs Jahre jünger als Freud, auch Mediziner, hat auch im Wiener Allgemeinen Krankenhaus ordiniert. Doch als Snob mit Stehkragen und Zylinder hat er sich in Jugendjahren mehr um die *süßen Mädel* auf der Kärntner Straße gekümmert, um die *griechischen Göttinnen*, um *Venus, Hebe und Juno*. Jahre später werden sie in seinen Theaterstücken zu Literatur, zu kleinbürgerlichen Göttinnen, die sich in ihren Gefühlen verheddern und zugrunde gehen, weil sie für die Herren nichts als *Liebelei* sind. Schnitzler beschreibt die ganze Wiener Gesellschaft: verführte Jungfrauen, frigide Damen, glücklose Gattinnen. Beschreibt sie elegant und frivol in der Abenddämmerung der Donaumonarchie. Viele von ihnen ähneln denen, die nun bei Sigmund Freud auf der Couch liegen. Freud bewundert und beneidet diesen Schnitzler, der ein Seelendurchleuchter ist, ein Charakterkenner, der selbst über Träume, die ja Freuds Spezialgebiet sind, so scharfsinnige Verse macht:

Träume sind Begierden ohne Mut,
Sind freche Wünsche, die das Licht des Tags
Zurückjagt in die Winkel unsrer Seele,
Daraus sie erst bei Nacht zu kriechen wagen.

Beim Analytiker zu Hause in der Berggasse 19 herrschen noch spätviktorianische Regeln. Martha Freud ist eine strenge Mutter, und ihr Mann hat mit seinen neumodischen Ansichten im Kinderzimmer nichts zu suchen. Da sind Ordnung, Sauberkeit und gute Manieren angesagt. Für analytische Experimente steht kein Sohn und keine Tochter zur Verfügung. Und über Sexualität wird schon gar nicht geredet. Ist tabu. Die Söhne werden vom Hausarzt aufgeklärt, nicht vom Vater, dem Tabubrecher. Der erwartet, wie seine Frau, einen moralischen Lebenswandel von seinen Kindern. Auch für später: keine leichtfertigen Liebschaften, keine unehelichen Kinder, keine Scheidungen. Martins Jünglingsflirts und Olivers mißlungene Kurzehe wird Freud verdrängen. Druck für gute Leistungen in der Schule gibt es nicht, die Eltern sorgen vor allem für das Selbstwertgefühl ihrer Kinder. Also hübsche Kleidung, nicht zuwenig

Taschengeld und logopädischen Unterricht, denn alle Freud-Kinder – außer Mathilde – lispeln zum Erbarmen. Theater, Bücher und Museen sind für alle da, Sport für die Jungen und Sticken, Stricken und Weben für die Töchter. Anna, das Nesthäkchen, das ungewollte, unerwünschte sechste Kind, das einmal des Vaters Liebling und Stütze sein wird, Anna schneidert sich früh schon alle Kleider selbst. Und ihr Vater, der sein begabtes Mädchen später zur Analytikerin macht, wird ihr sagen: *Wenn der Tag kommt, an dem es keine Psychoanalyse mehr gibt, kannst Du Näherin in Tel Aviv werden.*

»Ich halte ihr einen Finger vor und rufe: Schlafen Sie!«
Erste Analysen

Frau Emmy von N. liegt auf der Couch. Sie ist eine jugendlich aussehende Witwe von etwa 40 Jahren, fein und gebildet. Ihre Augen sind geschlossen, die Stirn gerunzelt, sie spricht leise und angespannt, stottert manchmal, und es zuckt dann in ihrem Gesicht, das sich voll Ekel und Grauen verzieht. Und immer wieder erschrickt sie.
Warum erschrecken Sie so schnell? fragt Freud.
Das sind Erinnerungen aus frühester Jugend.
Wann?
Zuerst mit 5 Jahren, sagt sie. Da haben ihre Geschwister sie dauernd mit toten Tieren beworfen. *Da bekam ich den ersten Ohnmachtsanfall mit Zuckungen.* Und dann? Ist sie sieben und sieht unvermutet ihre Schwester im Sarg. Mit acht erschreckt der Bruder sie als Gespenst im weißen Laken. Mit neun kommt der nächste Schock. Da liegt ihre Tante im Sarg. Und als sie sie anstarrt, fällt der Toten plötzlich der Unterkiefer runter.
Emmy von N. erzählt stockend und *keuchend* weiter von toten Ratten, sich windenden Schlangen, von der Cousine, die ins Irrenhaus kommt, von der Mutter, die nach einem Schlaganfall wie leblos am Boden liegt. Und als Freud sie zu oft mit Fragen nach dem Wieso, Warum, Weshalb unterbricht, sagt die Patientin verärgert: *Seien Sie still – reden Sie nichts.* Warum soll er nichts reden? Weil sie dann in ihrem Gedankengang unterbrochen wird. Und weil dann alles *noch ärger* ist. Er möchte also bitte nur zuhören und sie einfach nur reden lassen.

Die Heilungsgeschichte der Emmy von N. ist eine von Freuds »Studien über Hysterie«, die er zusammen mit Josef Breuer 1895 herausgeben wird und die mit Breuers spannendem Fall der »Anna O.« beginnen. Freud hypnotisiert seine Patientin noch, so wie er es von seinem Kollegen Breuer gelernt hat. *Ich halte ihr einen Finger vor, rufe ihr zu: Schlafen Sie! und sie sinkt mit dem Ausdrucke von Betäubung und Verworrenheit zurück.* Am Ende der Behandlung aber weiß Freud, daß die Methode der Hypnose *sinnlos und wertlos* ist. Denn nicht alle Patienten lassen sich so gut hypnotisieren wie diese Witwe. Und die Heilungen halten auch nicht an. Er erkennt, daß die beste Technik die *freie Assoziation* ist und daß er weniger fragen muß – sondern zuhören, egal, wie stockend, wie wirr und auch wie ermüdend eine Lebensgeschichte sein mochte.

Doch die meisten Fälle, die Freud beschreibt, sind spannend wie Romane von Balzac, Flaubert oder Zola. Fräulein Elisabeth von R. ist 24 und hat seit zwei Jahren unerklärliche Schmerzen in den Beinen. Sie kann nicht mehr richtig gehen, läuft nur noch langsam und leicht vorgebeugt. Als Freud sie untersucht und ihre Oberschenkel dort berührt, wo der Schmerz am schlimmsten ist, rötet sich ihr Gesicht, sie wirft den Kopf zurück und schließt die Augen – *wie bei einem wollüstigen Kitzel*. Es scheint also mehr um Erotik und Erregung als um Schmerz zu gehen. Freud bittet seine Patientin nun, frei zu assoziieren. Einfach zu erzählen, was ihr gerade in den Sinn kommt. Das tut sie. Und schweigt dann wieder. *Was geht jetzt in Ihnen vor?* fragt Freud. *Nichts*, sagt Fräulein Elisabeth. Aber das läßt Freud nicht gelten. Was hat sie vergessen? Was verdrängt? Wenn sie wieder richtig gehen will, muß sie den Schmerz wegreden.

Sagen Sie also alles, was Ihnen durch den Sinn geht. Benehmen Sie sich so, wie zum Beispiel ein Reisender, der am Fensterplatze des Eisenbahnwagens sitzt und dem im Inneren Untergebrachten beschreibt, wie sich vor seinen Blicken die Aussicht verändert. Endlich vergessen Sie nie daran, daß Sie volle Aufrichtigkeit versprochen haben ...

ZUR EINLEITUNG DER BEHANDLUNG, 1913

Die Eingangstür zur Praxis Freuds ist mit einem Eisengitter geschützt.
Berggasse 19, Wien

*Neurotische Damen erzählen auf der Couch Geschichten, spannend wie Romane von Flaubert.
Schaufenster, Wien*

Und dann erzählt sie, daß sie ihren Schwager liebt und Todeswünsche gegen ihre Schwester hegte, die sie verdrängte und nicht wahrhaben wollte. Erst als sie auf Freuds Divan – die Couch bekommt er später von einer Patientin geschenkt – diesen unmoralischen Wunsch akzeptiert, kann sie wieder aufrecht gehen. Und sie lädt Freud bald zu einem Hausball ein, auf dem er seine geheilte Hysterikerin im Walzertakt dahinfliegen sieht.

Glücklich ist, wer vergißt, was nicht mehr zu ändern ist, singen die Wiener aus der »Fledermaus« von Johann Strauß, die seit 1874 durch die Operettenhäuser flattert. Welch eine Illusion! Krank ist, wer vergißt. Und Freud gräbt das Vergessene nun aus wie Archäologen eine antike Stadt. Er schockt die Moralapostel, weil ihn kein Tabu mehr schreckt. Er ist der große Zerstörer, wie Stefan Zweig jubelt, *einer, der alle Vordergründe mit unbarmherzigem Röntgenblick durchleuchtet, der hinter der Libido den Sexus, hinter dem unschuldigen Kinde den Urmenschen ... und in den arglosesten Träumen die heißesten Wallungen des Blutes entdeckt.*

Neurosen wachsen überall. Auch in 2 000 Metern Höhe. Freud macht eine lange Wanderung in den Hohen Tauern und kehrt in ein Wirtshaus ein. Da fragt ihn die junge Bedienung etwas mürrisch, ob der Herr vielleicht ein Doktor sei. Wenn ja, würde sie ihn gerne sprechen, *ich bin nämlich nervenkrank.* Freud ist überrascht. So offen reden die *prüden Damen* in seiner Stadtpraxis nicht. *An was leiden Sie denn?* fragt er interessiert. *Ich hab' so Atemnot,* sagt die 18jährige Katharina. *Ich glaub' immer, jetzt muß ich sterben.* Und dann erzählt sie frei und offen vom Onkel, der die 14jährige hatte verführen wollen. Kurz darauf sieht sie, wie eben jener Onkel dann auf ihrer Cousine liegt. Und von da an kann sie nicht mehr richtig atmen. Und ihr ist ganz schlecht geworden. Und gebrochen hat sie drei Tage lang. Und einmal, als der Onkel im Wirtshaus getrunken hatte, kam er wieder zu ihr ins Bett. Als sie entsetzt aufspringt, sagt er: *Geh', dumme Gredel, sei still, du weißt ja nicht, wie gut das is.* Aber sie will fliehen, und da läßt er dann ab von ihr.

Nach dieser Erzählung hat Freud den Eindruck, daß das junge Mädchen wie befreit ist. Alles Mürrische ist wie weggeblasen. Er nimmt ihren Fall in die »Studien über Hysterie« auf und fügt viele Jahre später eine Fußnote hinzu: Der Mann, der Katharina belästigte, war nicht ihr Onkel – sondern ihr Vater.

»Sie können mich alle gern haben«
Die Selbstanalyse

Martha Freud hat gebacken und Schnittchen geschmiert, hat Gläser und Wein auf den Tisch gestellt und viele Aschenbecher verteilt. Es ist Samstag, und samstags ist Tarockabend. Immer. Das ist ein Ritus. Wenn es klingelt, empfängt Freud seine Kollegen, den Augenarzt, den Kinderarzt, den Hausarzt. Und wenn die Hausfrau am Ende noch einen Kaffee serviert, sind die vergnügten Spieler im blauen Dunst kaum mehr zu erkennen. So läuft alles seinen gewohnten Gang in der Berggasse 19, wo inzwischen die zweite Wohnung auf derselben Etage angemietet wurde. Den Tag über sitzt Freud in seinen Praxisräumen am Schreibtisch und arbeitet. Wenn er in einem Gedankenloch steckt, legt er sich auch schon mal eine Patience. Das Schachspiel hat er aufgegeben. Ihn stört die ungeheure Verschwendung des Geistes an eine Fiktion. Ins Theater geht er selten. Schnitzler liest er lieber. Oper mag er schon eher. Wenn es Mozart gibt, geht er hin. Und »Carmen« kann er immer hören. Die große Sucht steht ihm noch treu zur Seite – seine Raucherei. *Verschobene Masturbation* nennt er sie. Und jeden Tag geht er zum Tabakladen und kauft seine Tagesration. Zwanzig Stück. Noch immer.

Und wenn er früher fand, daß Alkohol *dumm* macht, ist er jetzt für einen Barolo zu haben, für *Punsch mit Lethe* oder seinen *Freund Marsala*. Ein, zwei Gläser – und die Welt sieht doch gleich viel netter aus. Nur löst der Wein seine Probleme nicht. Und *ich schäme mich, mir ein neues Laster zuzulegen*, schreibt Freud an Fließ. Schreibt ihm auch immer wieder über die Kinder. Sogar ziemlich Intimes. *Mathilde hat am 25. 6. ihren Eintritt in die Weiblichkeit besiegelt, etwas frühzeitig.* Und die jüngeren feiern Geburtstage *mit gebrannten Haaren und einem Vergißmeinnichtkranz auf dem Kopf.* Die kleine Anna beklagt sich, daß Mathilde alle Äpfel gegessen hat, und verlangt, wie Freud vergnügt schreibt, *daß man ihr den Bauch aufschneide wie dem Wolf (im Märchen von den Zicklein). Das Kind entwickelt sich reizend.* Auch Martin. Er ist erst acht und dichtet unentwegt. Meist macht er Tierpoeme. Reimt eine Liebeserklärung an den Fuchs:

Ich liebe Dich
herzinniglich,
komm, küsse mich,
Du könntest mir von allen
Tieren am besten gefallen.

Freud ist entzückt. Fragt Fließ: *Findest Du die Form nicht bemerkenswert?* Ja, er liebt seine *Küchlein*, wie er sie nennt. Und auch die gute *Henne* Martha. Und Minna? Marthas Schwester? Liebt er die auch? Als ihr Verlobter an Tuberkulose stirbt, zieht sie in die Berggasse 19. Für immer. Schläft im gefangenen Zimmer hinter dem Schlafzimmer der Freuds. Muß also stets durch den privatesten Raum von Schwester und Schwager. Mal rein, mal raus. Freud verreist auch mit ihr. Martha muß sich schließlich um sechs Kinder kümmern. Minna, die Intellektuelle, ist nach Fließ seine nächste Vertraute. Sie ist nicht prüde und nicht empfindlich. Martha sagt ja immer, wenn sie nicht wüßte, wie seriös ihr Mann ist, würde sie denken, er beschäftigte sich mit Pornographie. Ihr Mann beschäftigt sich aber mit etwas anderem. Und in dessen Dienst, schreibt er, *kenne ich nun auch kein Maß mehr. Es ist die Psychologie.* Und die versucht er unter seine Kollegen zu bringen. Hält einen großen Vortrag über Hysterie und die Entstehung von Neurosen. 18 Fälle hat er behandelt und analysiert. Und alle haben ergeben, daß in der Kindheit ein sexueller Mißbrauch durch Erwachsene stattgefunden hat. Haben muß. Meist von Vätern an ihren Kindern. Inzestuöse Übergriffe.

Freud lockt sein Auditorium mit glanzvoller Rhetorik, liest nicht vom Manuskript ab, spricht frei mit dieser angenehm leisen Stimme. Vergleicht seine Arbeit mit der eines Archäologen. Das ist nun mal sein Lieblingsbild für den Seelensucher. Der Archäologe gräbt und findet Reste einer verlassenen Stadt, findet Mauern, Säulen und verwischte Inschriften auf Tafeln. Die kann er putzen und im Glücksfall entziffern. Genauso, sagt er, gräbt der Analytiker das Unbewußte seiner Patienten aus. Am Ende des Vortrags aber – kein Applaus. Kein Lob. Die Herren Kollegen reagieren kühl. Halten Freud für unseriös, ja für einen Märchenerzähler. Sein Vortrag, schreibt er an Fließ, *fand bei den Eseln eine eisige Aufnahme.* Wie ihn das kränkt. *Sie können mich alle gern haben*, schreibt er, und das sei noch *euphemistisch ausgedrückt.* Aber die Hoffnung, ja *die Erwartung des ewigen Nachruhms,* und damit die finanzielle Sicherheit für seine Familie – aus und vorbei.

Die Kollegen schicken ihm von nun an auch kaum noch Patienten. Sein Wartezimmer bleibt oft tagelang leer. Eines Nachts träumt Freud von seiner ältesten Tochter Mathilde, träumt von *überzärtlichen Gefühlen* für sie. Ist das nicht der Beweis für die Richtigkeit seiner Verführungsthese? Es ist also höchste Zeit – *frisch, heiter, verarmt* –, mit seiner eigenen Analyse zu beginnen, der Selbstanalyse. *Erkenne Dich selbst* – forderte einst das Orakel von Delphi. Und wie viele haben seither versucht, das Reich des Unbewußten zu erhellen. Solon und Heraklit, Augustinus und Jean-Jacques Rousseau, Schopenhauer und Nietzsche. Und Goethe immer wieder:

> *Du weißt, daß der Leib ein Kerker ist;*
> *die Seele hat man hinein betrogen;*
> *da hat sie nicht freie Ellebogen.*
> *Will sie sich da- und dorthin retten,*
> *schnürt man den Kerker selbst in Ketten.*

Freud ist so kühn, die eigne Psyche zu durchleuchten. Allein. Ohne Hilfe. Ein fast selbstzerstörerisches Unterfangen. Eine Selbstanalyse, schreibt Freuds späterer Arzt Max Schur, *läßt sich mit der Situation eines Entdeckungsreisenden vergleichen, der sich zu einer Reise aufmacht, ohne sein Ziel zu kennen, der keine Landkarten und keinen Kompaß hat.* Auf dieser Reise ins Innere von Sigmund Freud entdeckt Freud, daß er selbst nicht frei ist von Hysterien und neurotischen Symptomen, entdeckt, wie konfliktbeladen die früheste Kindheit ist, voll von Schuldgefühlen, Todeswünschen und ödipalen Gelüsten. Wer aber traut sich schon, diese peinlichen Erinnerungen beim Namen zu nennen? Diese Bösartigkeiten seines Charakters zuzugeben? Die sexuellen Phantasien wahrhaben zu wollen? Und Freud hat keinen erfahrenen Analytiker zur Seite, der das alles deutet, denn er ist ja sein eigener und eben der erste Analytiker überhaupt. So taucht er ein in die Vergangenheit und deutet die Erinnerung in die Zukunft. Jahre wird Freud die Rätsel des Ichs tragen wie Herkules einst die Weltkugel. Und alles beginnt mit dem Tod seines Vaters. *Auf irgendeinem der dunkeln Wege hinter dem offiziellen Bewußtsein hat mich der Tod des Alten sehr ergriffen,* schreibt er an Fließ. Nun fühlt er sich wie entwurzelt. Aber ist der Vater nicht auch ein Verführer gewesen? All die hysterischen Symptome bei seinem Bruder und den Schwestern? Hat der Vater sich etwa an ihnen versündigt? Freud schließt es nicht aus. Er selbst hat doch auch dieses sexuelle Verlangen nach seiner Tochter gehabt. Wenn auch nur im Traum, ja, aber Träume sind ein Stück Wirklichkeit. Wahrheit. Und um Wahrheit geht es in seiner Selbstanalyse, die ihn in *komische Zustände* versetzt, die er nur als *Dämmergedanken* und *Schleierzweifel* bezeichnen kann. Und dann hat er

Stundenlang schlendert Freud durch die Ewige Stadt mit dem herrlichen Licht.
Piazza del Popolo, Rom

Freud, der Seelengräber, vergleicht seinen Beruf mit dem des Archäologen.
Forum Romanum, Rom

Gegenwärtig kann ich weder lesen noch denken. Das Beobachten zehrt mich ganz auf. Meine Selbstanalyse stockt wieder einmal, besser, sie träufelt so langsam weiter, ohne daß ich etwas von ihrem Verlauf verstehe.

AN WILHELM FLIESS, 5. NOVEMBER 1897

auch noch plötzlich eine Schreibblockade. Ausgerechnet er, dem doch das Schreiben so fließend, leicht und elegant von der Hand geht. *Ich glaube, ich bin in einer Puppenhülle, weiß Gott, was für ein Vieh da herauskriecht.*

Es sind die lieben Kinderlein. Die, die er für Mißbrauchte hielt. Für Opfer. Nicht Schändungswünsche der Eltern – oder seines Vaters – sind schuld an den Neurosen, oft sind es die Sprößlinge selbst, die Inzestgedanken haben und Haß in sich schüren. Hat er, Freud, das nicht auch getan? Hat er als Knabe nicht Todeswünsche gegen seinen Bruder ausgesprochen? Stückchenweise kommen sie an die Oberfläche, die Bilder von damals. Kommen in Träumen und lichten Augenblicken. Müssen wie ein Puzzle zusammengesetzt werden. Und hat er nicht Lustgefühle für seine Mutter empfunden, als er sie damals im Zug von Leipzig nach Wien für einen Augenblick nackt gesehen hat? Seine schöne Mama? War da nicht der Zorn gegen seinen Vater geboren? Ja, er muß wohl seine so vehement und absolut vertretene Verführungstheorie durch die Erwachsenen an ihren Kindern revidieren. Er tut es offen und mutig. Sagt: *Ich glaube an meine Neurotica nicht mehr.* Schwerstarbeit war es, diesen Brocken auszugraben, diesen Ödipuskomplex, der bei Freud mehr für Jungen als für Mädchen gilt. Mädchen haben keinen Phallus. Und die weibliche Sexualität ist für Freud ohnehin ein *dark continent,* wie er sagt.

Kleine Jungs aber – so im Alter zwischen drei und fünf – haben Angst, ihren Phallus zu verlieren. Sie wissen, daß der Vater einen hat. Und sie wollen ihre Mutter für sich allein. Wollen freien sexuellen Zugang zu ihr. So wächst in ihnen diese aggressive Haltung zum Vater, die im antiken Mythos zu Mord und Inzest führt. Ödipus war auf dem Weg nach Theben, als ihm ein Wagen mit König Laios entgegenrollt. Der Wagenlenker brüllt ihn an: Er soll den Weg frei machen! Und fährt ihm auch schon mit einem Rad über seinen Fuß, und Laios versetzt ihm noch einen Hieb mit der Peitsche. Da erschlägt Ödipus beide im Zorn und weiß nicht, daß der König sein Vater war. In Theben heiratet er die schöne Jokaste, die Witwe des Königs, und auch da weiß er nicht, daß sie seine Mutter ist. *Jedem menschlichen Neuankömmling ist die Aufgabe gestellt, den Ödipuskomplex zu bewältigen,* schreibt Freud, *wer es nicht zustande bringt, ist der Neurose verfallen.* Da ist sie nun also in der Welt, Freuds berühmteste Entdeckung, der Kernkomplex der Neurosen, geboren aus der eigenen Erfahrung, in entsagungsvollen und verzweifelten Stunden in der Selbstanalyse ans Licht gezerrt. Friedrich Nietzsche hat gewußt, was das für ein Gewaltakt ist: *Das eigene Selbst ist gut versteckt; von allen Goldminen ist die eigene die letzte, die man ausgräbt.*

»Ich bin 44 Jahre – ein alter, etwas schäbiger Israelit« Traumdeutung und römischer Traum

Sechs Kinder wirbeln aufgeregt durch die Wohnung. Was wollen sie mitnehmen? Die Angel natürlich. Und Wanderschuhe, Schwimmanzüge, Regenzeug, das Schnitzmesser, Spielsachen. Es geht in den Urlaub, in die Berge. Erst mal ohne den Papa. Der kommt später nach. Den Trubel im Zugabteil dritter Klasse mit Koffern, Taschen, Beuteln, juchzenden Kindern und einem Dienstmädchen kann man ihm nicht zumuten. Und Martha Freud nimmt auch wieder die Hängematte mit. Die wird im Abteil vom Fenster bis zur Tür gespannt. Da kommen die Jüngsten rein, wenn sie müde sind. Und Kissen werden eingepackt für die harten Holzbänke. Es ist ein wilder Aufbruch. Und zurück bleibt ein etwas mürrischer Strohwitwer, der seinen *göttlichen Masala* nur *tropfenweise* trinken kann. *Martha hat die Flaschen gezählt und verwahrt,* schreibt er an Fließ. Und so wird er sich denn wieder mit seiner »Traumdeutung« betäuben, die 1899 erscheint.

Es wird sein Meisterwerk. Ein Werk, das aus allen Nähten platzt, weil Freud Mühe hat, sich *all der Einfälle zu erwehren,* der Wachträume, der Wunschträume, der Angstträume, der Prüfungsträume, der infantilen, naiven und vergessenen Träume, all dieser *Zuckungen des sonst schlafenden Seelenlebens.* Im Volksmund heißt es: *Träume sind Schäume.* Hätte er also aufs Volk gehört und auf die Wissenschaftler, schreibt Freud, wäre er schnell mit allem durch gewesen. Aber er setzt den Traum als Wunscherfüller dagegen: *Das hätt' ich mir in meinen kühnsten Träumen nicht vorgestellt.*

Und so nimmt er denn seinen Leser an die Hand, nimmt ihn mit auf eine *Spaziergangsphantasie.* Beginnt im dunklen Wald der Autoren, all der historischen Traumschreiber, *die die Bäume nicht sehen*. Wie hat er sich bei der Lektüre über sie geärgert. Dann geht's durch einen verdeckten Hohlweg, *mein Traummuster mit seinen Sonderbarkeiten, Details, Indiskretionen, schlechten Witzen,* und schließlich landet er auf einer lichten Höhe und fragt: *Bitte, wohin wünschen Sie jetzt zu gehen?* So viele Wege gibt es! Einer führt direkt in Freuds eigene Träume, denn in Zeiten seiner Selbstanalyse löst er viele Rätsel in nächtlichen Traumgebilden. Einer führt zu Ödipus, einer in die Verdrängung, die Begierde und die Wollust. Und einer führt mitten nach Wien, hinein in die Gesellschaft, in die erotischen Sehnsüchte und Paniken seiner Patienten, die er ja nicht mehr hypnotisiert, sondern frei assoziieren läßt. Diese Neuerung, schreibt Freud, war die Initialzündung zu seinem Monumentalwerk.

Da träumt ein junges Fräulein von einer Kerze, die sie nicht in den Leuchter stecken kann. Und die Mädchen in der Schule sagen, sie sei ungeschickt. Aber wie soll die Kerze halten, wenn sie in der Mitte gebrochen ist? Dafür kann sie doch nichts. Die junge Dame, so erzählt sie auf Freuds Couch, hatte tatsächlich am Tag zuvor eine Kerze – eine ungebrochene – in den Leuchter gesteckt. Und in der Nacht träumt sie dann davon. *Die Kerze,* schreibt Freud, *ist ein Gegenstand, der die weiblichen Genitalien reizt; wenn sie gebrochen ist, ... so bedeutet dies die Impotenz des Mannes.* Sie sagt ja auch im Traum, es sei nicht ihre Schuld. Und erzählt ihrem Analytiker noch von einer Bootsfahrt auf dem Rhein. Da haben Studenten ziemlich laut das Lied gebrüllt:

Wenn die Königin von Schweden,
bei geschlossenen Fensterläden
mit Apollokerzen ...

Apollokerzen sind damals eine gängige Marke. Aber das Wort *onaniert* spricht sie natürlich nicht aus. Hat es verdrängt. Freud ist nicht mal sicher, ob sie es überhaupt kennt. Also Onanie und Impotenz, schreibt er, *alles wahrlich nicht harmlos.*

Ein harmloser Traum dagegen ist der seiner Tochter Anna, die später selbst Psychoanalytikerin werden wird. Als sie noch ein kleines Mädchen ist, sich den Magen verdorben hat und alles erbricht, darf sie den ganzen Tag nichts essen. Und so träumt sie denn am späten Abend, als der Papa noch einmal nach ihr schaut, von ihren Lieblingsspeisen. Murmelt im Traum in ihrer Kindersprache vor sich hin: *Anna Feud – Erbeer – Hochbeer – Eierpeis – Papp.*

Am 4. September 1901 legt Freud seine Hand in das »Maul der Wahrheit«.
Bocca della Verità, Rom

*In seiner Lieblingsstadt fühlt sich Freud nach der Ankunft wie ein Italiener.
Petersdom, Rom*

Freud pflastert viele Wege seiner Traumdeutung mit Literaten, mit Sophokles und Shakespeare, Goethe, Schiller, Heine und Hans Christian Andersen, dem Märchenerzähler. In »Des Kaisers neue Kleider« versprechen zwei Betrüger, dem Herrscher das kostbarste Gewand zu weben. Sichtbar ist es allerdings nur für die, die ihm treu ergeben sind. Natürlich lobt die ganze Entourage das schöne Stück. So geht der Kaiser unters Volk. Und niemand – außer einem kleinen Mädchen – sagt, was er wirklich sieht, nämlich einen nackten Mann.

Das ist die Situation der Träume, um die es Freud in einem bestimmten Kapitel geht. Nackträume, Verlegenheitsträume. Wie oft sind sie schon geträumt worden: ganz nackt, halb nackt, im Unterrock und im zu kurzen Hemd. Der Träumer geniert sich, und die Zuschauer stehen gleichgültig da. Nehmen keinen Anstoß. So wurde es Freud viele Male auf der Couch erzählt. Deshalb lautet seine Deutung: *Der Betrüger ist der Traum, der Kaiser der Träumer selbst,* und im Trauminhalt geht es *um unerlaubte, der Verdrängung geopferte Wünsche.* Und immer ist bei seinen Neurotikern die Erinnerung aus frühen Kindertagen im Spiel. Denn Kinder genieren sich selten und entkleiden sich mit Lust. Heben mit Vergnügen ihre Röcke hoch. Bis über den Kopf. Und springen und tanzen dabei herum. *Exhibitionsgelüste* sind das, sagt Freud. Ihre Nacktheit wirkt *wie berauschend auf sie.*

Doch nach jahrelanger Traumarbeit weiß Freud, daß ihre Inhalte nicht wie Mathematikaufgaben gelöst werden können. Eine Abreise kann Tod bedeuten, ja. Eine ferne Stadt mag ein unerreichbares Ziel sein, ja. Eine überlaufende Badewanne kann heißen, daß da einer überflüssig ist. Messer, Stangen und Dolche haben meist etwas mit dem männlichen Glied zu tun, Zahnausfall mit Masturbation, und die Leiter, die einer im Traum hochsteigt, ist oft ein Synonym für den Geschlechtsakt. Aber alles kann auch anders sein. Denn ein Mensch im Traum ist eine zusammengesetzte Figur, und der Trauminhalt ist ein Rätsel in Bildern. Und das ist selten so logisch wie das der Sphinx bei Ödipus.

Manchmal ist alles auch ganz einfach. Freud erwacht eines Morgens. Es ist Hochsommer, er ist mit seiner Familie in den Tiroler Bergen und hat geträumt: *Der Papst ist gestorben.* Es war ein kurzer, nicht visueller Traum, und Freud kann ihn nicht deuten. *Aber im Laufe des Vormittags,* schreibt er, *fragte meine Frau: »Hast du heute morgens das fürchterliche Glockenläuten gehört?« Ich wußte nichts davon, daß ich es gehört hatte, aber ich verstand jetzt meinen Traum. Es war die Reaktion meines Schlafbedürfnisses auf den Lärm gewesen, durch den die frommen Tiroler mich wecken wollten.*

Als Martha Freud mit den Kindern noch in den Bergen ist, schickt Freud das Manuskript an seinen Verlag. Was folgt, ist eine Depression. *Die Traumsachen selbst halte ich für unangreifbar,* schreibt er an Fließ, aber der Stil! Irgendwie hat er den *edlen einfachen Ausdruck* nicht gefunden, ist in *witzelnde bildersuchende Umschreibungen verfallen.* Erklärt das seinem Freund mit einem Witz, den er gerade im »Simplicissimus« gefunden, dem Satireblatt, *an dem ich mich regelmäßig ergötze.* Also zwei Militärs. Sagt der eine zum anderen: Kamerad haben sich verlobt, Braut wohl reizend, geistreich, anmutig? – Jeschmackssache, sagt der Verlobte. Mir jefällt sie nich.

Nachdem Freud die Träume bewältigt hat, macht er sich mit dem Gedanken vertraut, Rom zu erobern. Endlich. Er hatte ja schon Urlaub in Italien gemacht, war in Richtung Süden gereist, doch nur bis zum Trasimenischen See. Bis dahin war auch Hannibal gekommen, der semitische Held seiner Jünglingsjahre. Freud ante portas. Aber weiter will er nicht. Nicht ins Auge des Katholizismus, nicht zu den Gegnern Hannibals, den unversöhnlichen Feinden der Juden, nicht zu den Zerstörern der antiken Polis. Und doch lockt sie mit Macht, die Ewige Stadt. *Meine Romsehnsucht ist übrigens tief neurotisch,* schreibt er an Fließ. Er hatte auch einen Traum. Jemand führt ihn auf einen Hügel und zeigt ihm Rom. Aber die Stadt ist weit entfernt und versinkt halb im Nebel. Doch Freud wundert sich noch im Traum, wie deutlich er sie erkennen kann. *Das Motiv, »das gelobte Land von ferne zu sehen«,* schreibt der Psychoanalytiker Erich Fromm, *ist darin leicht zu erkennen.*

Es ist damals eine Zeit depressiver Stunden. Die Kritiken zur »Traumdeutung« sind für Freud nur *blöd* und *verständnislos.* Kritteln an Petitessen herum und sehen nicht den großen Wurf. Und die jüngeren Kollegen mit geringerem Wissen rutschen an ihm vorbei auf die Professorensessel. Und er? Noch immer Privatdozent. *Ja, ich bin wirklich schon 44 Jahre,* schreibt er an Fließ, *ein alter, etwas schäbiger Israelit.* Es ist wie in dem jüdischen Witz: »Ihr Sohn studiert in Wien? Was wird er sein, wenn er fertig ist?« – »Ich fürchte, ein alter Jude.« Irgendwie versteckt sich der Erfolg vor ihm. Und *ich darf nichts Gutes rauchen, Alkohol leistet mir gar nichts, mit dem Kinderkriegen bin ich fertig,* kurz, er fühlt sich wie Jakob, der mit dem Engel ringt.

Da reist er nach Rom. Reist zusammen mit seinem Bruder Alexander. Sie steigen im Hotel »Milano« ab, wohnen in einem *schönen Zimmer* im 3. Stock, das für jeden 4 Lire pro Tag kostet und sogar elektrisches Licht hat. Gleich am ersten Abend, am 2. September 1901, schreibt Freud eine Postkarte an seine Martha. *Nach 2 h eingetroffen, um 3 h nach Bad umgekleidet und Römer geworden.* Ja, er fühlt sich *herrgöttlich.* Was für eine Stadt! *Unbegreiflich, daß wir*

*Die Traumdeutung aber ist die Via regia zur Kenntnis des
Unbewußten im Seelenleben.*

DIE TRAUMDEUTUNG, 1899/1900

nicht Jahre früher gekommen sind. Das Wasser ist gut, das Essen, der Kaffee, das Brot, der Wein, alles *vortrefflich*. Gleich in der Frühe bricht er auf. Schwelgt durch die Stadt, in der die aufgehende Sonne die Kuppel von St. Peter vergoldet. Schlendert durch die Säulengänge von Bernini, besucht die Vatikanischen Museen, die Sixtinische Kapelle mit Michelangelos herrlichem Cristo giudicante, dem Richtenden, der mit erhobener Rechten die Sünder in den Orkus stürzen läßt, bewundert die Stanzen von Raffael, steht vor dem makellos schönen Apollo von Belvedere, der elegant und selbstbewußt den Blick in olympische Höhen hebt, steht vor Laokoon, dem Priester aus Troja, der zusammen mit seinen Söhnen von Seeschlangen erwürgt wird, ist ziemlich kaputt danach und trinkt erst mal einen guten Schluck Rotwein.

Die Brüder fahren zum Monte Pincio, zur Via Appia oder zwischen Pinien, Oleander und Pomeranzenbäumen rauf zum Palatin mit dem weiten Blick über ganz Rom. Zwei Lire kostet so eine einfache Equipage pro Stunde, *daran darf man nicht sparen,* schreibt Freud nach Hause. Dann zieht er wieder mit dem Stadtplan los, vertut sich und steht plötzlich vor der steilen Treppe, die zur Kirche San Pietro in Vincoli, zu Petrus in Fesseln, führt. Er geht hinein, und da sieht er ihn zum erstenmal, sieht den Moses von Michelangelo, der ihn in späteren Jahren so sehr fesseln wird – Freud in Vincoli.

Selig erwandert er die Stadt, die langsam immer voller wird. Der Corso quillt über von Touristen mit Baedeker unterm Arm, in den Cafés gibt es kaum noch einen Platz, aber Freud fühlt sich *ungestört* und *übermüthig,* und langsam geht ihm das Geld aus, *was durch einige Antiquenkäufe beschleunigt wird.* Aber man muß ja auch bei so viel Wohlbefinden großzügig mit sich sein. Er geht also zum Friseur, kauft sich für 1,50 noch eine neue Krawatte und ersteht *eine ganze Sammlung von billigen Thongefäßen mit drohenden Transportschwierigkeiten.* Es ist glühend heiß und schwül, der Scirocco drückt, und in der Nacht gibt es dann ein Gewitter, *so heftig und großartig, als hätte es Michelangelo gemacht.* Freud steht am Fenster seines Hotels, hört die Donner krachen und das Geschrei von den Gassen, hört die Feuerwehr und alle Glocken läuten, und die Blitze sind so grell, *so schön, daß sich mir gewisse Hieroglyphen des Obelisken vor unserem Fenster tief eingeprägt haben.* Ja, er hätte sie lesen können, *wenn nicht – wie der Bauer mit der Brill,* also einer, der glaubt, er könne schon lesen, wenn er nur eine Brille aufhätte.

Ach, Rom! Er wird wiederkommen. Hat schon eine Münze in die Fontana di Trevi geworfen. Und an der Kirche Santa Maria in Cosmedin, wo die antike Marmormaske eines Tritonen hängt mit düsterer Mundöffnung, in die die alten Römer beim Schwören ihre Hand legen mußten, und wenn der Schwur falsch war, war auch die Hand weg, also in diesen düsteren Wahrheitsschlund steckt Freud, der Feind aller Riten, seine Hand. *Ich habe heute die Hand in die Bocca della verità gelegt mit dem Schwur, daß ich wiederkomme.*

»Wir Kulturmenschen sind alle ein wenig zur Impotenz geneigt«
Freud wird 50 und reist nach Amerika

Der Unterrichtsminister läßt bitten, und die Baronin Marie Ferstel rauscht herein. Sie habe gehört, daß dieser glänzende Dr. Freud, der Arzt, der sie geheilt hat, noch immer auf seine Professur wartet. Das sei doch wohl ein Versehen. Und dann nötigt sie ihm regelrecht das Versprechen ab, daß umgehend etwas passieren muß. Der Minister verspricht es, und »Küß die Hand, Madame«. Aber Madame weiß, daß gar nichts passieren wird. Also bietet sie dem Politiker ein hübsches Präsent an. Ein modernes Bild für die Galerie, die er einrichten will. Einen Emil Orlik. Das vereinfacht die Sache doch sehr. Am 22. Februar 1902 unterzeichnet der Kaiser die Urkunde, die Freud zum außerordentlichen Professor kürt.

Natürlich ist er dankbar und erleichtert. *Eine Beförderung zum Professor,* das weiß er genau, *erhebt den Arzt in unserer Gesellschaft zum Halbgott.* Es wird also mehr Patienten geben, und er wird höhere Honorare nehmen können. *Und ich wollte doch Rom wiedersehen, meine Kranken pflegen und meine Kinder bei guter Stimmung erhalten.* Deshalb hatte auch Freud dieses eine Mal seine Hände im Spiel. Im Spiel, das Protektion heißt. Ja, er selbst hat die ganze Sache mit einer Bittschrift auf den Weg gebracht, gesteht er Fließ *in gewohntem, schändlichem Aufrichtigkeitsdrang.* Er hatte die Nase voll vom ewigen Warten. 17 Jahre Geduld. Es reichte.

Und Freud weiß doch, daß die ganze österreichische Bürokratie durchtränkt ist von Antisemitismus. Und er weiß auch, daß die jetzige Beförderung

Im Hochparterre befindet sich meine ärztliche Wohnung und mein Arbeitszimmer, einen Stock höher die Wohnräume. Wenn ich in später Stunde unten meine Arbeit vollendet habe, gehe ich über die Treppe ins Schlafzimmer.

DIE TRAUMDEUTUNG, 1899/1900

wohl noch schneller gegangen wäre, wenn die Baronin statt eines Orlik einen Böcklin gespendet hätte. Böcklin war doch das A und O für jeden Kunstlüstling. *Ich habe gelernt, daß diese alte Welt von der Autorität regiert wird wie die neue vom Dollar.* Er hat seine Verbeugung vor den Herrschaften gemacht, nun darf er die Belohnung annehmen. Und voller Sarkasmus fügt Freud hinzu: *Die Teilnahme der Bevölkerung ist sehr groß. Es regnet auch jetzt schon Glückwünsche und Blumenspenden, als sei die Rolle der Sexualität plötzlich von Sr. Majestät amtlich anerkannt, die Bedeutung des Traumes vom Ministerrat bestätigt und die Notwendigkeit einer psychoanalytischen Therapie der Hysterie mit 2/3 Majorität im Parlament durchgedrungen.* Das also ist der ganze ruhmreiche Vorgang. Er bittet Fließ, den Inhalt des Briefes für sich zu behalten.

Zu dieser Zeit läuft die Freundschaft der beiden langsam in eine Feindschaft hinein. Fließ kritisiert Freuds Analysen, sagt, er projiziere seine Gedanken in die Patienten hinein. Das ist für Freud, der Kritik schlecht vertragen kann, ein Affront und Freundschaftsverrat. *Ein intimer Freund und ein gehaßter Feind waren mir immer notwendige Erfordernisse meines Gefühlslebens,* schreibt Freud in der »Traumdeutung«. *Ich wußte beide mir immer von neuem zu verschaffen.* Und wie bei Fließ – oder später bei C. G. Jung – sind Freund und Feind in derselben Person vereint. Doch zum endgültigen Bruch kommt es, als ein Buch des blutjungen Philosophen Otto Weininger erscheint, »Geschlecht und Charakter«, das wie eine Rakete in Wien einschlägt. Und in diesem Buch findet Fließ all seine Ideen und Theorien über Bisexualität wieder. Woher hat Weininger das? Von Freud? Natürlich. So muß es gewesen sein. Fließ hatte Freud doch immer haarklein alles geschrieben, all seine Gedanken zur Bisexualität. Und Freud kannte die Arbeiten von Weininger. Aber Freud kann sich nicht mehr recht erinnern. Hat es verdrängt. Ja, er hat Weininger gesehen, hat wohl auch mit ihm über die Thematik gesprochen, auch was gelesen, aber das klang alles ganz anders. Freud ist froh, als er in dieser Sache, die ausführlich in der Öffentlichkeit besprochen wird, wie Ödipus dasteht, der unschuldig Schuldige. *Ich glaube indes nicht,* schreibt er an Fließ, *daß ich damals hätte schreien sollen: Haltet den Dieb. Vor allem hätte es nichts genützt, denn der Dieb kann ebensowohl behaupten, es sei sein eigener Einfall; auch lassen sich Ideen nicht patentieren.* Fügt dann aber beruhigend hinzu: *Für mich persönlich warst Du stets der Autor der Idee der Bisexualität.* Doch das beruhigt Fließ überhaupt nicht. Das Buch von Weininger, diesem hochbegabten und sexuell gestörten Kerl, diesem judenhassenden Juden, diesem Neurotiker, der schreibt, daß das Weib nur ein rudimentärer Mann ist, dieses Buch ist für Fließ ein klarer Fall von geistigem Diebstahl. Ist ein Plagiat. Aber gegen den unerhörten Erfolg kommt er nicht an. Keine Veröffentlichung des Fin de siècle wird so heftig, so kontrovers diskutiert wie dieses schrille Dokument von Frauenhaß und Judenverachtung. Und der letzte, gewaltige, tödliche Trompetenstoß des wahnsinnigen Autor treibt das Buch endgültig in den Kultstatus: Weininger erschießt sich in Wien. Öffentlich. Im Sterbezimmer von Beethoven.

In der Berggasse 19 wird am 6. Mai 1906 gefeiert. Freud ist 50 Jahre alt geworden. Auf dem Höhepunkt des Festes übergeben ein paar Bewunderer dem Jubilar eine Medaille. Auf der einen Seite ist das Porträt von Freud zu sehen, auf der anderen Ödipus und eine sehr wienerische Jugendstil-Sphinx. Als er die griechische Inschrift darauf liest, erstarrt er und wird ganz blaß. Er liest die Worte: *Der das berühmte Rätsel löste und ein gar mächtiger Mann war.* Ein paar Jahre später wird sein Biograph Ernest Jones Freud nach seinen Gefühlen von damals fragen und warum er so erschrocken war, *als wäre ihm ein Geist erschienen.* Da sagt Freud, als junger Mann sei er einmal um die Arkaden der Wiener Universität herumgegangen, dort, wo die Büsten der berühmtesten Professoren aufgereiht sind. Damals hat er sich gewünscht, selbst einmal dort zu stehen. Und unter seiner Büste sollte eben jene Zeile aus dem »König Ödipus« von Sophokles eingraviert sein.

Langsam beginnt sie nun, die Zeit der Anerkennung, und es enden die elend langen Jahre *schmerzlicher Einsamkeit, ... die für mich begannen, nachdem ich den ersten Blick in die neue Welt getan, die Jahre der Teilnahmslosigkeit der nächsten Freunde* und der bangen Episoden, *in denen ich selbst meinte, geirrt zu haben und erwog, wie man ein verfahrenes Leben zugunsten der Seinigen* noch verändern könnte. Freuds Wartezimmer füllt sich. Die Analysepatienten kommen vor allem aus der Wiener Oberschicht. Viele sind entzückt von des Herrn Professors *bezauberndem Humor,* und fast alle schwärmen von seinen Augen, die *braun und glänzend* sind, *schön und ernst* oder *bohrend und forschend.* Und Freud findet, wenn Sehen ein zivilisierter Ersatz für Berühren ist, dann sei sein durchdringender Blick, dem wenig entgeht, höchst passend für ihn. Für die Familie aber ist er der nach innen Gekehrte, der Schweigsame, der Asket, *den leider der Alterskomplex zu drücken scheint,* der noch immer glaubt, 1916 oder 17 sterben zu müssen, der mit seinen 1 Meter 70 stets ein wenig nach vorn gebeugt geht, wie ein in Gedanken versunkener Gelehrter, der früh um sieben aufsteht, täglich seinen Bart vom Friseur stutzen läßt, von acht bis kurz vor eins Sprechstunde hat, immer kultiviert gekleidet ist mit Weste und eleganter Krawatte und Punkt eins zum Essen erscheint. Dazu bringt er für gewöhnlich eine kleine Statue aus seiner Antikensammlung mit, die er vor seinem Teller aufstellt. Und wenn die Kinder Fragen haben, wird geantwortet, als ob sie erwachsen wären.

Von drei bis neun Uhr abends lösen sich die Analysepatienten ab, oder er schreibt und korrigiert seine Texte. *Phantasieren und arbeiten,* sagt Freud, *fällt für mich zusammen, ich amüsiere mich bei nichts anderem.* Danach Abendessen, ein kurzes Kartenspiel oder wieder ein Spaziergang, nun mit seiner Frau, der Schwägerin oder den Töchtern. Oft endet der Gang im Café für ein Eis und die Zeitung vom Tage. Danach sitzt er wieder am Schreibtisch. Und um ein Uhr in der Nacht legt er sich erschöpft zu Martha ins Ehebett.

Freud ist ein treuer und distanzierter Ehemann. Mit 37 hatte er beschlossen, ein Jahr enthaltsam zu leben, um seiner Frau nach so vielen Geburten etwas Ruhe zu gönnen. Kondome, so glaubt er, führten nur zu neurotischem Unbehagen und der Interruptus zu Angstneurosen. Mit 40 schrieb er an Fließ, daß er *ohne sexuelle Lust und impotent* ist. Mit 41 teilt er ihm mit: *Auch die sexuelle Erregung ist für einen wie ich nicht mehr zu brauchen.* In jenem Jahr träumt er aber auch, daß er spärlich bekleidet die Treppe hoch läuft und dabei von Martha verfolgt wird. Und das Gefühl, das er dabei im Traum empfindet, ist *nicht Angst, sondern erotische Erregung.* Doch mit 44 ist er *mit dem Kinderkriegen ... fertig,* und mit 51 sagt er zu seinen Freunden: *Wir Kulturmenschen sind alle ein wenig zur psychischen Impotenz geneigt.*

Als die Freundschaft zu Fließ erkaltet, liest ein junger Privatdozent von der Medizinischen Fakultät der Universität Zürich Freuds »Traumdeutung«: Carl Gustav Jung. Er ist wie elektrisiert, hat er doch als kleiner Junge unentwegt geträumt, wild und erschreckend: In einem der Träume geht er durch Räume im Dämmerlicht. Sieht einen Thron wie im Märchen. Darauf hockt ein Gebilde aus Haut und Fleisch. Der Kopf hat kein Gesicht und keine Haare. Nur ein Auge stiert in die Höhe. Jung fühlt sich damals wie in einer Schattenwelt. Einmal stürzt er die Treppe hinunter, was er mit einem *fatalen Widerstand gegen das Leben in dieser Welt* deutet. Er träumt sich in ein Doppelleben hinein, fürchtet sich, möchte über seine Ängste reden, weiß aber nicht, wie und mit wem. Die einzige, die ihn ein wenig versteht, ist die Mutter. Aber auch die ist ihm oft unheimlich. Und nun, mit dreißig Jahren, liest er Freuds »Traumdeutung«, zitiert daraus in seinem Buch über Okkultismus, entwirft nach der Lektüre einen Assoziationstest für Patienten, schickt Freud alles, was er geschrieben. Da beginnt ihr Briefwechsel, freundlich, wissenschaftlich, persönlich, intim. Und Freud erkennt bald, daß hier ein genialer junger Analytiker ist, ein geistiger Sohn, ein Auserwählter, der ihn bald in Wien besuchen wird.

Inzwischen gründet Freud zusammen mit seinem Kollegen Wilhelm Stekel die berühmte Mittwochs-Gesellschaft, sozusagen die Keimzelle der Seelenbewegung, denn *es ist schwer, Psychoanalyse als Vereinzelter zu treiben*, schreibt Freud. *Es ist ein exquisit geselliges Unternehmen.* Zu ihm gehören Paul Federn, Oskar Rie, der treue Sekretär Otto Rank, Hanns Sachs, der große Alfred Adler, der später Freuds Kontrahent wird, und Sándor Ferenczi, der liebenswürdige Ungar. *Ich schwimme in Genugtuung*, schreibt Freud an ihn, *mir ist leicht ums Herz, da ich mein Sorgenkind, meine Lebensarbeit, durch Ihre und anderer Anteilnahme behütet und für die Zukunft geborgen weiß.* Jeden Mittwochabend treffen sich also nach Einladung per Postkarte von etwa zwanzig Mitgliedern acht oder zehn in der Berggasse 19 und machen es sich in Freuds Wartezimmer auf dem Plüschsofa und in den Sesseln bequem. Da sitzen sie nun, die hochkarätigen Köpfe, sitzen zwischen Büchern und Vitrinen mit ägyptischen und römischen Figuren, Masken, Schalen, Vasen, und über ihnen an der Wand hängen die vier Elemente, herrliche Stiche von Louis Boullogne. Martha Freud sorgt wie immer für Gebäck und Rotwein, Wasser und schwarzen Kaffee. Und das Mädchen stellt für jeden Herrn einen Aschenbecher bereit, denn alle Mitglieder des inneren Kreises rauchen inzwischen. Freud, der Lustraucher, der vom Frühstück bis zum Schlafengehen eine Zigarre nach der anderen qualmt, hat auch seine Kollegen zu dieser Sucht animiert. Und so wird bis in den späten Abend diskutiert – über schwierige Analysefälle, Vortragsthemen, Eingebungen, Erfahrungen, Träume, neue Bücher und

Ich will gestehen, daß ich in letzter Zeit eine Sammlung tiefsinniger jüdischer Geschichten angelegt habe.

AN WILHELM FLIESS, 12. JUNI 1897

Analytiker, die man ansprechen sollte. Und einen letzten Rotwein können sie doch noch trinken, und eine letzte Zigarre wird angezündet, auch mal ein neuer Witz erzählt: Rennt also der Angestellte im Büro auf und ab und jammert: »O Gott! Dieses Kopfweh! Ich verliere noch meinen Verstand!« Sagt sein Chef: »Wenn Sie krank sind, gehen Sie nach Hause. Aber hören Sie auf, hier herumzurennen und zu prahlen!« *Das Lachen,* hat Freud in »Der Witz und seine Beziehung zum Unbewußten« geschrieben, *gehört zu den im hohen Grade ansteckenden Äußerungen psychischer Zustände; wenn ich den anderen durch die Mitteilung meines Witzes zum Lachen bringe, bediene ich mich seiner eigentlich, um mein eigenes Lachen zu erwecken.* Und weil Freud Witze sammelt, hat er auch immer einen parat: Zwei Juden treffen in der Nähe des Badehauses zusammen. »Hast du genommen ein Bad?« fragt der eine. »Wieso?« fragt der andere, »fehlt eins?« Ja, es sind auch gemütliche und gesellige Abende. Und als Freuds Sohn Martin einmal einen Blick ins Wartezimmer wirft, als die Herren Analytiker sich gerade fröhlich verabschiedet haben, sieht er in einen Raum *noch voll dichten Rauchs, und es erschien mir wie ein Wunder, daß darin Menschen stundenlang gelebt, ja gesprochen hatten, ohne zu ersticken.*

»Sie werden das gelobte Land der Psychiatrie in Besitz nehmen« Freuds Kronprinz

Carl Gustav Jung und sein Schüler Ludwig Binswanger klingeln am 3. März 1907 in der Berggasse 19. Das Mädchen öffnet und läßt die angekündigten Gäste ein. Die haben dem Professor bereits am Tag zuvor einen kurzen Besuch abgestattet, aber heute haben sie Zeit und wollen reden. Freud empfängt die beiden ohne jede Förmlichkeit und Etikette mit Herzlichkeit. Und kaum haben sie sich gesetzt, da fragt er sie auch schon, was sie denn in ihrer ersten Nacht in Wien geträumt haben. An den Traum von Jung erinnert sich Binswanger nicht mehr, wohl aber an Freuds Deutung. *Sie ging dahin, daß Jung ihn entthronen und an seine Stelle treten wolle.* Der junge Doktor selbst träumte vom verhängten alten Kronleuchter im Entree der Berggasse, das gerade renoviert und gemalt wurde. Die Deutung, die Freud ihm gibt, überzeugt den 26jährigen überhaupt nicht. Sein Traum sollte den Wunsch enthalten, Freuds älteste

Die weltberühmte Couch ist das Geschenk einer dankbaren Patientin.
Freud Museum London

Ich halte an dem Rate fest, den Kranken auf einem Ruhebett lagern zu lassen, während man hinter ihm, von ihm ungesehen, Platz nimmt.

ZUR EINLEITUNG DER BEHANDLUNG, 1913

Tochter heiraten zu wollen, aber eigentlich auch wieder nicht. Und Binswanger erinnert sich noch wortwörtlich an die Begründung: *In ein Haus, in dem ein so schäbiger Kronleuchter ist, heirate ich nicht.*

Also sie lachen vergnügt, und Freud zeigt ihnen seine Antikensammlung, die langsam wächst, und die beiden sehen zum erstenmal die kuriose Couch, die Freud 1890 von einer dankbaren Patientin geschenkt bekam. Über dem guten Stück liegt der herrlich weiche Perser aus Smyrna, ein seidig glänzender Schiras, und darauf sind Kissen verteilt, kleine und große Samtkissen; auf das am Kopfende ist ein weißes Tuch gebreitet. Jeder Patient bekommt ein neues, frisch gebügeltes. Im Arbeitszimmer diskutieren sie danach über Freuds Sexualtheorien. Jung ist sehr beeindruckt, äußert aber doch Bedenken, auch Zweifel, *aber jedesmal*, sagt Jung, *hielt er mir meinen Mangel an Erfahrung entgegen*. Der Mangel besteht aus 19 Jahren Altersunterschied. Sie reden auch über den Zweifel, den pathologischen, zwanghaften, der für Freud immer ein *Realitätszweifel* ist: Habe ich den Gashahn auch wirklich abgestellt? Oder das Licht ausgeschaltet? Und als Binswanger ihn fragt, warum es unter Psychoanalytikern so viele abenteuerliche Gestalten gibt, sagt Freud nur halb vergnügt: *Ich habe immer gedacht, daß auf meine Lehre sich zunächst Schweine und Spekulanten werfen würden.* Doch vor allem redet Jung an diesem Vormittag. Er redet zu gern, will auch wissen, wie Freud das meint, daß Kultur auf Triebverzicht aufgebaut ist. Und Binswanger beobachtet Freud, wie er da hinter seinem Schreibtisch sitzt und eine Zigarre raucht, wie seine Hände auf der Stuhllehne oder auf dem Tisch ruhen, wie er hier und da eine kleine Kunstfigur in die Hand nimmt und sie betrachtet, aber auch den Gesprächspartner wohlwollend und doch scharf ins Auge faßt.

Punkt eins erschallt dann der Essensruf. Ja, natürlich sollen beide bleiben, ganz en famille mit Martha, Minna und den Kindern, im Speisezimmer ist doch schon für alle gedeckt. Auf dem Weg dorthin redet und redet Jung weiter. Nun von sich selbst und seinen Krankengeschichten. Ist überhaupt eine einnehmende Gestalt. Ein Schwergewicht. Groß, breit, germanisch, kurzgeschorenes Haar, blaue Augen, ovale Intellektuellenbrille, dünner Oberlippenbart, steifer Kragen mit Schleife, Weste, Uhrkette. Ein imposanter Brocken. Und der setzt sich an den Tisch und *unternahm nie*, so erzählt Freuds Sohn Martin, *den geringsten Versuch, mit Mutter oder uns Kindern höfliche Konversation zu machen*. Nein, er sitzt und setzt seine Rede da fort, wo sie durch den Ruf aus der Küche unterbrochen worden war, dynamisch, kernig, vital, *und Vater hörte mit unverhohlenem Entzücken zu*.

Ja, Freud ist überwältigt von diesem kraftvollen und klugen Burschen, der auch in ihn vernarrt zu sein scheint. Jung gesteht ihm jedenfalls, daß diese erste persönliche Begegnung für ihn ein *Ereignis* sei, ein Höhepunkt seines Lebens, und daß er bei Freud von den *Früchten des Paradieses* genossen habe, daß sogar sein Widerstand gegen den erweiterten Sexualbegriff langsam schwinde. Und zurück in Zürich, schreibt Jung, er sei selig über den Reichtum, den Freud vor ihm ausgebreitet habe, und er lebe nun beglückt *von den Brocken, die von des Reichen Tische fallen*. Nach diesem ersten Besuch tratscht Jung aber auch, erzählt im kleinen Freundeskreis, er habe die Vermutung, daß Freud und seine Schwägerin Minna Bernays ein Verhältnis haben. Und Freud gegenüber beklagt Jung in einem Brief seinen Charakter, verwünscht dieses hysterische Bedürfnis, auf Menschen Eindruck machen zu wollen. Und Freud antwortet ihm, das sei ja gerade das, was ihn *so sehr zum Lehrer und Wegweiser befähigt*.

Freud ist entschlossen, den 32jährigen Schweizer Analytiker – der diese wunderbare, ungehemmte Phantasie besitzt, die er einst auch an Fließ so geliebt hat – zu seinem Kronprinzen zu machen. Seinen treuen Weggefährten der Mittwochs-Gesellschaft erklärt er, warum Jung der ideale Mann ist, ihre Lehre in die Welt hinauszutragen: Jung ist Arier. Dazu noch Christ und Pastorensohn. Sie alle aber sind Juden. Und solange ihre Erkenntnisse als jüdische

Ich habe, wie Sie ja wissen, mit allen Dämonen zu tun, die auf den »Neuerer« losgelassen werden können; nicht der zahmste unter ihnen ist die Nötigung, den eigenen Anhängern als ein rechthaberischer und unkorrigierbarer Griesgram oder Fanatiker zu erscheinen, der ich nun wirklich nicht bin.

AN C.G. JUNG, 6. DEZEMBER 1906

Errungenschaften gelten, werden sie bekämpft werden. *Unsere arischen Genossen,* sagt er, *sind uns doch ganz unentbehrlich.* Ohne sie verfällt die Psychoanalyse dem Antisemitismus. Wenn er *Oberhuber* hieße, ja, das wäre etwas anderes, dann gäbe es diesen elenden Widerstand nicht. Dann würde die Psychoanalyse endlich als das gelten, was sie ist: eine Wissenschaft. Aber er heißt nun mal Freud. Und so schreibt er denn einen Brief an Jung, schreibt: *und Sie werden als Joshua, wenn ich der Moses bin, das gelobte Land der Psychiatrie, das ich nur von der Ferne erschauen darf, in Besitz nehmen.*

Das war am 17. Januar 1909. Sieben Monate später sitzt Freud zusammen mit C. G. Jung und Sándor Ferenczi in einem Restaurant in Bremen, nahe dem Hafen. Sie essen zu Mittag und warten darauf, den Überseedampfer »George Washington« des Norddeutschen Lloyd besteigen zu dürfen. Freud soll in der Clark University in Worcester, Massachusetts, den Ehrendoktor entgegennehmen und eine Reihe von Vorträgen halten. Honorar und Reisespesen sind großzügig bemessen. Das ist endlich mal eine wunderbare Nachricht. Jung, der prominente Anhänger Freuds, ist als Spezialist für Schizophrenie geladen, und Freud fragt Ferenczi, ob er nicht auch Lust hätte, mitzukommen. Und ob er Lust hat! Das Geld hat er auch. Also die Psychoanalyse erobert die Neue Welt. Und Freud, schreibt sein Biograph Peter Gay, benutzte die amerikanische Aufgeschlossenheit *als Knüppel, mit dem er die Europäer schlagen konnte.*

Kurz vor der Überfahrt hatte Freud seinem Reisegefährten Ferenczi noch einen Rat gegeben: *Was Garderobe betrifft, so nehme ich außer den Reiseanzügen Frack und Salonrock mit. Ersterer ist wahrscheinlich entbehrlich. Für die Schiffsreise einen guten Mantel nicht vergessen. Zylinder soll man sich des schwierigen Transports wegen dort ankaufen und dann vor der Abreise in den Ozean werfen.* Nun sitzen die drei vergnügt beim Essen in Bremen. Und Jung, der manische Redner, fängt an, von Moorleichen zu erzählen, von prähistorischen Funden, die man hier in der Nähe ausgegraben hat. Hört gar nicht mehr auf. Und Freud fragt sich: Wieso redet der dauernd von Moorleichen? Meint er ihn damit? Ist das etwa ein verborgener Todeswunsch? Wie Jungs Traum damals, dieser Usurpatorentraum? Da wird Freud ohnmächtig. Kippt einfach so vom Stuhl weg. Die Freunde sind erschrocken, wollen helfen, aber da ist er schon wieder munter.

Acht Tage fahren sie übers Meer. Es ist eine vergnügliche Reise. Sie essen gut, frischen zwischendurch auch mal ihr Englisch auf, holen am Abend die Karten raus und analysieren am Morgen gegenseitig ihre Träume. Da passiert es, daß Jung um ein paar persönliche Details von Freud bittet, sonst könne er dessen Traum nicht recht erklären. Doch Freud, so erzählt Jung, schaut ihn nur mißtrauisch an und sagt, er kann sich hier doch nicht von ihm analysieren lassen, wo käme er denn da hin, das gefährde ja seine Autorität. Wie bitte? fragt sich Jung. Der Erfinder der Analyse stellt persönliche Autorität über die Wahrheit? Oder hat Freud etwa bemerkt, daß er, Jung, in diesem Traum die Untreue zu Martha beweisen wollte? Also das vermutete Verhältnis zur Schwägerin?

Am achten Tag grüßt dann die Freiheitsstatue. Ernest Jones, Freuds späterer Biograph, holt die hochgeschätzten Gäste ab, führt sie durch New York, die Morgenzeitungen kündigen einen Professor *Freund* aus Wien an, macht nichts, das Land ist schön, die Verdauung schlecht, das ewige Eiswasser schrecklich, die Speisen schwer wie Blei, die Leute prüde und die Akademiker nett und neugierig. In ihren Kreisen kann Freud endlich *alles, was im Leben als anstößig galt, frei besprechen*. Auf langen Morgenspaziergängen geht er mit seinem Freund Ferenczi die Vorträge über Verdrängung, Traumdeutung und Sexualität noch einmal durch, auf englisch natürlich. Er fühlt sich frei und sicher und kann am Ende der Reise sagen: *Die Psychoanalyse war also kein Wahngebilde mehr, sie war ... Realität geworden.*

»Ich vollziehe an ihm die Rache der beleidigten Göttin Libido« Bruch mit Alfred Adler und C. G. Jung

Eine Schar aufgebrachter Wiener Analytiker trifft sich im Grand Hotel, oben im Zimmer von Stekel. Sie wollen unter sich sein, wollen die dramatische Situation bereden. Dieser Nürnberger Kongreß, dieser *Reichstag*, wie Freud ihn nennt, macht sie ja nun alle zu einem Häuflein Abgehalfterter. Dabei sind sie doch Freuds Kerntruppe. Haben Jahre treu zu ihm gestanden. Und nun soll alles ganz groß aufgezogen werden. Internationale Psychoanalytische Vereinigung. Und wer ist der Präsident? Natürlich dieser C. G. Jung. Und wer sein Sekretär? Auch ein Schweizer. Da platzt Freud in die Gesellschaft. Er ist – so beschreibt es Wittels, einer der Protestler – in höchster Erregung, er, der doch sonst die Selbstbeherrschung in Person ist. Steht da und erklärt den zorngeladenen Kollegen noch einmal seine Sicht. *Ihr seid zum größten Teil Juden und deshalb nicht geeignet, der neuen Lehre Freunde zu erwerben. Juden*

*Freuds Fallstudien zeigen das ganze Aggressionspotential der Wiener Gesellschaft.
Brunnen am Michaelerplatz, Wien*

Es ist soviel Platz auf Gottes Erde, und es ist gewiß berechtigt, daß sich jeder, der es vermag, ungehemmt auf ihr herumtummle, aber es ist nicht wünschenswert, daß man unter einem Dach zusammenwohnen bleibe, wenn man sich nicht versteht.

ZUR GESCHICHTE DER PSYCHOANALYTISCHEN BEWEGUNG, 1914

müssen sich bescheiden, Kulturdünger zu sein. Er braucht den Anschluß an die Wissenschaft, will nicht mehr immer und überall angefeindet werden. *Bin alt,* sagt er nach seiner kurzen Philippika, faßt sich theatralisch ans Revers und sagt: *Meine Feinde würden mir am liebsten den Rock vom Leibe reißen.* Und deshalb sind die Schweizer die Rettung. Für ihn und für sie alle. Die Psychoanalyse ist damit den Kinderschuhen entwachsen. *Ich hoffe, jetzt kommt eine reiche und schöne Jugendzeit.*

Sie kommt. Freud wird sie erleben. Es kommt aber auch die Zeit der Verletzungen und der Brüche. Freud wird diese Brüche bei einigen in alttestamentarischer Weise besiegeln. Wie Moses fährt er zwischen seine Freunde, wenn sie ein fremdes Kalb anbeten, wenn sie von der reinen Lehre abweichen. Der erste ist Alfred Adler. Er ist 14 Jahre jünger als Freud und konnte ihn nicht *als väterliche Autorität anerkennen,* schreibt Manès Sperber, der große Erzähler und Adler-Biograph. Freuds jüngerer Bruder wäre Adler gern gewesen, nicht aber *einer dieser bedingungslos ergebenen Jünger.* Sperber, der bei Adler Psychologie studiert hat, erklärt die Trennungsgründe, sagt: *Freud war von der Familie ausgegangen, insbesondere von ihren Schlafzimmergeheimnissen und dem Zwielicht der Kinderstuben.* Adler dagegen sieht unter dem Einfluß des Marxismus und der proletarischen Emanzipationsbewegung *die Familie als eine veränderliche Gemeinschaftsform* an. Er bezweifelt nicht die Bedeutung der Sexualität, wehrt sich aber gegen ihre Dogmatisierung. Und Freud schätzt den scharfsinnigen Adler ja auch, diesen originellen Denker, selbst wenn dessen Erkenntnisse eher in die Theorie zeigen als in die Praxis. Und als Freud findet, daß Adler entschieden zu weit vom Wege weicht, lädt er ihn noch einmal zum Essen ein. Kann man nicht irgendwie auf einen gemeinsamen Nenner kommen? Da fragt Adler: *Warum sollte ich meine Arbeit immer in Ihrem Schatten verrichten?* Da ist der Bruch besiegelt. *Er vergißt das Wort des Apostel*

Paulus, schreibt Freud an einen Kollegen der Mittwochs-Gesellschaft, »*Und hättet ihr der Liebe nicht*«. Adler habe sich ein Weltsystem ohne Liebe geschaffen. Und er, Freud, sei nun dabei, *die Rache der beleidigten Göttin Libido an ihm zu vollziehen.* Als Jahre später, so erzählt Sperber, jemand Freud nach Adler fragt, sagt der: Adler? Nein. Kennt er nicht. Hat er auch nie gesehen.

Der Bruch mit seinem Kronprinzen Jung ist schmerzhafter und dauert elend lang. Beide umkreisen einander zwischen Hoffnung und Enttäuschung. Auf dem Kongreß in München, im September 1913, wirft Freud beim Mittagessen Jung und dessen Schweizer Sekretär mangelnde Loyalität vor. Sie hätten Artikel zur Psychoanalyse in Zeitschriften veröffentlicht, ohne auch nur einmal den Namen Freud zu erwähnen. Aber Freud sei doch so bekannt, sagt Jung. Das hätten sie wirklich nicht für nötig gehalten. Freud ärgert sich über die flapsige Antwort, bleibt bei seiner Sicht und – stürzt plötzlich ohnmächtig zu Boden. Das zweite Mal vor dem kräftigen Jung. Der erschrickt, schießt hoch und trägt seinen Meister auf das Sofa in der Hotelhalle. Da kommt Freud denn auch gleich wieder zur Besinnung. Er wird Ernest Jones über diesen Vorfall berichten: *Am Grunde steckt ein Stück eines unbeherrschten homosexuellen Gefühls dahinter.*

Jung hat viele Gründe für ihre Entfremdung gefunden. Etwas melodramatisch will er die Totenglocke über der Liebe zu Freud gehört haben, als der ihm auf der »George Washington« die persönlichen Auskünfte für seine Traumdeutung verweigert. *Was ist das für eine Lehre, wenn nicht einmal der Meister mit seiner eigenen Neurose fertig wird.* Der nächste Grund ist Jungs Buch »Wandlung und Symbole der Libido«. Darin zieht Jung Freuds Herzstück in Zweifel. *Da wußte ich im voraus, daß es mich die Freundschaft mit Freud kosten würde.* Es sind wohl tatsächlich die grundsätzlichen Meinungsverschiedenheiten in Fragen der Libido. Was hatte Freud ihm noch 1910 geschrieben? *Mein lieber Jung, versprechen Sie mir, nie die Sexualtheorie aufzugeben ... Sehen Sie, wir müssen daraus ein Dogma machen, ein unerschütterliches Bollwerk.*

Und nun? Jung schwankt und verdrängt. Schreibt an Freud, daß der für ihn noch immer ein Herakles ist, ein *menschlicher Heros und höherer Gott.* Und wenn der Sünder und Pastorensohn lange nicht geschrieben hat, bittet er um Vergebung: *Pater peccavi.* Und Freud gelingen noch immer hübsche Sätze in freundlichen Briefen zum gespannten Vater-Sohn-Verhältnis: *Ich setze also wieder die hörnerne Vater-Brille auf und warne den lieben Sohn, kühlen Kopf zu behalten und lieber etwas nicht verstehen zu wollen, als dem Verständnis so große Opfer zu bringen.* Und dann steckt Jung in einer schweren Ehekrise. Schuld sind seine *polygamen Komponenten*, erklärt er Freud. Und er überlegt, ob er nicht langsam mal über *das ethische Problem der Sexualfreiheit* nachdenken soll. Da schreibt Freud an Ferenczi: *Bei Jung selbst stürmt und tobt es wieder ... erotisch und religiös*. Und Jung fühlt sich weiterhin vom Übervater unterdrückt, schickt ihm ein Zitat aus Nietzsches »Also sprach Zarathustra«: *Man vergibt einem Lehrer schlecht, wenn man immer nur der Schüler bleibt*. Freud versucht ihn zu besänftigen, ihn, der doch auch ein Entdecker ist: *Also sei ruhig, lieber Sohn Alexandros. Ich lasse Dir mehr zu erobern, als ich selbst bewältigen konnte*. So geht es hin und her und dauert noch viele Briefe lang, versöhnende und verletzende. Bis Jung sich zurückzieht. Endgültig. Sie sehen sich 1913 noch einmal auf dem Internationalen Kongreß in München. Freud verspürt danach kein Bedürfnis mehr, ihn wiederzusehen.

Auf diesem Kongreß trifft Freud auch Lou Andreas-Salomé wieder, seine Schülerin und seine Muse. Die einstige Freundin von Nietzsche, Frau eines Orientalisten und Geliebte vieler Männer, war ein Jahr zuvor bei ihm in Wien gewesen, um die Psychoanalyse zu erlernen. Autodidaktisch. Sie besucht seine Vorlesungen im Hörsaal der Psychiatrischen Klinik, ist auch zu Freuds berühmten Mittwochs-Gesellschaften geladen, sie als einzige Frau. Sie ist begabt. Und schön. Und geistreich. Und fünfzig Jahre. Freud nennt sie *ein Frauenzimmer von gefährlicher Intelligenz*.

Von großer Unbefangenheit ist sie auch. Erzählt von ihren frühkindlichen Phantasien, sieht sich wieder abends im Bett liegen mit ihren zwei Puppen auf dem Kopfkissen, *sehe mich, wie ich dem Lieben Gott anstelle des Nachtgebetes die schönsten Geschichten erzähle*. All diese Erinnerungen holt sie aus der Tiefe des Vergessens in die Gegenwart zurück. Freud hilft ihr bei der Spurensuche. *Es ist wie wenn an einer Leine gezupft würde – die keine Kette ist, sondern nur den Weg gewährleistet,* wird sie ihm schreiben. Und sie findet: *Als Kind war ich greise, als ganz junges Mädchen Mann, jetzt ward ich Kind*. Nun sieht sie ihren Freund und Lehrer wieder, ist dabei, wie die Liebe zwischen ihm und Jung ihren letzten tödlichen Hieb bekommt. *Mir war Freud nie so nah,* schreibt sie in ihr Tagebuch, und nie war ihr Jung so unangenehm. Aus dem strotzend vitalen Burschen, der beim Reden so herrlich dröhnend lachen konnte, ist ein kühler, ehrgeiziger Mensch geworden voll *Aggressivität* und *geistiger Brutalität*.

Freud regt das alles sehr auf. Und seinen ganzen Zorn, seine ganze Wut wirft er nun in die »Geschichte der Psychoanalytischen Bewegung«. Sie ist, wie er sie nennt, seine *Bombe* gegen alle Abweichler. Und von Abweichenden trennt er sich rigoros. Hat sich lange schon von Breuer getrennt, dem großzügigen väterlichen Freund, Freuds Initialzünder der Psychoanalyse, wegen zu großer Meinungsverschiedenheiten über die neuen Theorien zur Sexualität. Ja, getrennt. Freud sagt damals rabiate Sätze: Es sei mit diesem Breuer einfach nicht mehr auszukommen, sagt, sein bloßer Anblick würde reichen, ihn zur Auswanderung zu treiben. Danach ist Fließ an der Reihe, es folgen Adler und Jung. Harte Brüche mit dem Mentor, dem Busenfreund, dem Kritiker und dem Kronprinzen. Wilhelm Stekel, der Kollege aus der Mittwochs-Gesellschaft, wird Freud, als der auch mit ihm gebrochen hat, einen Brief schreiben: *Sie sehen nur das Unrecht, das man Ihnen angetan hat und übersehen die Fehler, die Sie gemacht haben. Hätten Sie rechtzeitig die Quellen der Rivalität unter Ihren Schülern erkannt, Sie hätten sich manche wertvolle Kraft erhalten können. Es war nicht nur ein Kampf der Thronprätendenten, sondern ein Ringen um Ihre Liebe. Es war mehr Eifersucht um Ihr Herz als Anspruch auf Ihren Kopf.*

»Ich vertrage es nicht, acht Stunden täglich von anderen angestarrt zu werden«
Dora, der Rattenmann, der Wolfsmann und Moses

Dora, ein hübsches Mädchen mit Pony und langen Haaren, ist sechzehn, hat schwere Migräne-Anfälle, hüstelt ewig nervös herum, kann nicht mehr normal sprechen, flüstert nur noch. Ihren Vater liebt sie zärtlich, mit der Mutter, einer zwanghaften Wohnungsputzerin, hat sie dauernd Streit, auch mit ihrem Bruder, der sich auf die Seite der Mutter geschlagen hat. Bei Freud auf der Couch erzählt sie nun von der befreundeten Familie K., die einen Sturm wilder Gefühle entfacht hat: Ihr Vater hat ein leidenschaftliches Verhältnis mit Frau K. Diese gibt sich aber gleichzeitig einer platonischen Liebe zu Dora hin, so daß die nicht nur auf ihren Vater, sondern auch auf ihre Geliebte eifersüchtig ist. Herr K. versucht, sich Dora sexuell zu nähern. Die ohrfeigt den Lüstling und beschwert sich bei ihrer Familie. Herr K. wird zum Rapport gebeten. Er sagt, Dora ist ein frühreifes kleines Biest, das nur Sex im Kopf hat und schlüpfrige Bücher liest. Der Vater scheint Herrn K. zu glauben, da droht Dora, sich umzubringen. Und so landet sie denn mit all ihren hysterischen Symptomen in der Berggasse 19. Dora auf der Couch, das ist wie ein von der Bühne herabgestiegenes und in die Wirklichkeit entflohenes Schauspiel von Schnitzler.

Analysen sind wie ein Gang ins Ungewisse, wie Entdeckungsreisen ohne Kompaß.
Metro, Paris

Freuds neurotische Patienten tauchen in langen Monologen bis in die Kindheit hinab.
Schaufenster, Wien

Für Freud aber ist es ein Paradebeispiel dafür, daß viele Ärzte in Wien seine Krankengeschichten, die er so akribisch erklärt und aufklärt, wie erotische Schlüsselromane, wie seichte, leichte, lustvolle Kost konsumieren. Ja, es ärgert ihn, daß diese Glücksfälle des Analytikers nicht wie Beiträge zur Psychopathologie der Neurosen gelesen werden, wie eine Anleitung zu Hilfe und Heilung.

Dabei gelingt die Heilung – wie bei Dora – nicht immer. Freud, der ein scharfer Beobachter ist, ein unsentimentaler Zuhörer, der schon zu tief in die Labyrinthe der Wiener Gesellschaft geschaut hat, mutet dem Mädchen Erkenntnisse zu, die es entsetzt zurückweist. Doch je mehr Dora erzählt, je bitterer ist Freuds Analyse. Doras Vater glaubt Herrn K., weil er so ungestörter mit Frau K. schlafen kann. Und Dora mag Herrn K. geohrfeigt haben, eher aber hat sie mit ihm mehr erlebt, als sie mitteilen mag. Tatsächlich erzählt Dora von einer ersten Annäherung. Da war sie erst vierzehn. Das scheint Freud plausibler zu sein für den Verlust der klaren Stimme und das flüsternde Krächzen. Herrn K.s eregierter Penis wird da im Spiel gewesen sein. Und Herr K. ist ihr offenbar auch nicht gleichgültig. Hat Dora nicht vom teuren Kästchen erzählt, das Herr K. ihr geschenkt? Und vom Traum, in dem ihre Mutter ein Kästchen aus dem brennenden Haus rettet? Also wohl die Unschuld der Tochter? Freuds Fazit nach elf Wochen Analyse: Dora schwärmt für Herrn K., liebt ihren Vater und entdeckt erotische Gefühle für Frau K. Also ein Mädchen mitten in der Pubertät mit leidenschaftlichen, inzestuösen und lesbischen Empfindungen. Doch diese Deutung, schreibt Freud, *wollte sie natürlich nicht mitmachen.* Sie verabschiedet sich von ihrem Analytiker, wünscht ihm ein gutes neues Jahr und – verschwindet auf Nimmerwiedersehen.

Immer wieder sitzen Patienten in Freuds Wartezimmer, die von Amateur-Psychologen oder *wilden* Analytikern behandelt und nicht selten in Angst und Schrecken versetzt wurden. Diese Modeärzte verstehen unter Sexualleben nur den Beischlaf. Sie haben keine Ahnung, was für ein kompliziertes Gewirr aus Lust, Angst, nervösen Störungen, bewußten Gefühlen und unbewußten Trieben bei Neurosen erkannt werden muß. Und so kommt denn auch eines Tages eine *ältere Dame* zu Freud, so in den Vierzigern, und, wie er schreibt, *ziemlich gut erhalten.* Sie ist geschieden und leidet seit der Trennung von ihrem Mann unter schweren Angstzuständen. Der junge Arzt, den sie aufgesucht hat, sagt ihr nun ohne Umschweife, daß sie sexuell bedürftig ist und drei Möglichkeiten hat: Sie gehen zu Ihrem Mann zurück, Sie nehmen sich einen Liebhaber, oder Sie befriedigen sich selbst. Wenn sie ihm nicht glaubt, kann sie ja zum Professor Freud gehen, der wird ihr auch nichts anderes empfehlen. Über solchen Mißbrauch seiner Wissenschaft ärgert Freud sich schon gewaltig. Und so klärt er mit seiner Schrift »Über ›wilde‹ Psychoanalyse« darüber auf.

Als der 29jährige Jurist zum erstenmal in seine Praxis kommt, ist Freud gleich von ihm angetan. Der junge Mann ist intelligent, unterhaltsam, amüsant und kann Geschichten erzählen. Und weil er weiß, daß es zwischen Freud und ihm auch um sein Gedächtnis gehen wird, zitiert er eine Stelle aus Friedrich Nietzsches »Jenseits von Gut und Böse«: »*Das habe ich getan*«, *sagt mein Gedächtnis. »Das kann ich nicht getan haben«, sagt mein Stolz und bleibt unerbittlich. Endlich – gibt mein Gedächtnis nach*. Ach, das gefällt Freud. Und nun werden sie gemeinsam versuchen, die Macht des Stolzes zu brechen.

In vielen Stunden erzählt der Patient von seinen Ängsten und Zwangsvorstellungen. Er fürchtet, seinem Vater könnte etwas zustoßen. Oder der Frau, die er liebt. Und sofort ist der dringende Wunsch da, Vergeltung zu üben. Ja, auch zu töten. Auch sich selbst. Dann hat er dieses schrecklich zwanghafte Bedürfnis, sich die Kehle mit einem Rasiermesser durchschneiden zu müssen. Erzählt auch von starken homoerotischen Wünschen in seinen Jünglingsjahren, von heterosexuellen Ausbrüchen, von einer verführerischen Gouvernante, die sich vor ihm entkleidet und die er berühren darf. Von da an will er Frauen am liebsten nur noch nackt sehen. Sogar seinen Schwestern gegenüber hat er diese Gelüste. Es bleibt nicht nur bei Inzest-Gedanken. Und das versetzt ihn wieder in diese panische Angst, er könnte damit seinen Vater ins Grab bringen. Zu dieser Zeit, sagt er, ist die Krankheit ausgebrochen.

Dann aber kommt jenes Erlebnis, das ihn zu Freud trieb. Bei einer Militärübung erzählt der Hauptmann ihnen von einer drakonischen Strafe aus dem Orient, einer schrecklichen Folter. Und schon kann der Patient nicht weiterreden. Steht von der Couch auf, setzt sich, sagt: Er kann das nicht erzählen. Freud möchte ihm das bitte nachsehen. Doch Freud kann ihm das nicht nachsehen. *Die Überwindung von Widerständen*, sagt er, *ist ein Gebot der Kur*. Und so legt der junge Mann sich wieder hin, berichtet stockend, daß einem Verbrecher ein Topf mit Ratten auf das Gesäß gestülpt wurde, und die Tiere bohrten sich – nein, nein, er kann es nicht sagen, steht in großer Erregung wieder auf, und Freud ergänzt den Satz: *in den After*. Er nennt seinen Patienten von nun an den Rattenmann. Er beobachtet ihn bei seinen Erzählungen genau, und ihm entgeht dieser eigentümliche Gesichtsausdruck nicht, den Freud in seinem abendlichen Bericht *als Grausen vor seiner ihm selbst unbekannten Lust* diagnostiziert. Nur ein knappes Jahr dauert es, bis er die noch folgenden Geschichten über Ohrfeigen, Masturbation und Mordlust oder die Erinnerungsfetzen von Analerotik entwirren, enträtseln, zuordnen und auf-

Freuds berühmtester Patient sieht im Traum Wölfe reglos auf einem Baum sitzen.
Wolfsgehege, Thale

klären kann. Bis er seinen fast liebgewonnenen Rattenmann von den Symptomen seiner klassischen Zwangsneurose befreit. Bis er ihn – entgegen all seinen strengen Regeln und dem Ukas, nie mit einem Patienten privat zu verkehren – zum Mittagessen in seine Privaträume einlädt.

Freuds berühmtester Fall aber ist der vom Wolfsmann, vom jungen, reichen, russischen Aristokraten Sergej Pankejeff aus Odessa. Er wächst in einem herrlichen Landsitz auf mit Köchen, Kutschern, Kindermädchen und Gouvernanten, mit Parks und Ponys, und abends schläft er mit Schneewittchen und Aschenbrödel ein, die Fräulein Elisabeth ihm vorliest. Er ist ein kränkelnder Knabe, bekommt Malaria und Lungenentzündung, und die Ärzte geben ihn schon auf. Doch seine Nanja, die Bäuerin aus der Umgebung, pflegt ihren Liebling gesund. Und als Mademoiselle mit ihm den »Don Quijote« liest, leidet er, weil dieser wunderbare Ritter von der traurigen Gestalt – ein Narr ist. Später verehrt er Tolstoi und Dostojewski, Turgenjew, Puschkin und Lermontow wie Heilige. Und als der Hauslehrer seiner älteren Schwester Anna auf einem langen Spaziergang über die väterlichen Felder Kants Philosophie erklärt und die christlichen Kirchen scharf angreift, da läuft Sergej stumm neben ihnen her. Was er hört, wühlt ihn auf. Und nach kurzer Zeit stellt er erstaunt fest, *daß es mit meinem Glauben vorbei war.*

Anna, die sinnliche Schwester, die unglücklich mit sich und ihrer Identität ist, die sich häßlich findet und lieber ein Mann wäre, trinkt ein paar Jahre später ein Fläschchen mit Quecksilber aus und stirbt. Von da an steigen auch in Sergej immer wieder Selbstmordgedanken auf, und er liebt den großen Lermontow mehr und mehr, der im Duell von der Kugel seines Gegners in den Bauch getroffen wurde. Tot mit 28 Jahren. Sergej wird menschenscheu, depressiv, lustlos. Ist außerstande, die einfachsten Dinge zu tun. Und warum studieren? Warum leben? Der Vater schleppt ihn zu den besten Ärzten nach Moskau. Er hört Satzfetzen: *Er ist gehemmt ... kann nicht aus sich heraus ...* Die Ärzte wissen nicht, wie sie helfen sollen. Da reist der junge Aristokrat mit seinem Doktor und seinem Diener nach Deutschland, nach Berlin, zum Chefpsychiater der Charité, dann nach München zu Bayerns Prominenten-Psychiater. Beide sind Gegner von Freud. Beide versuchen es mit Hydrotherapie und Elektrotherapie. Beide können dem Mann nicht helfen. Also weiter. Nach Wien. Freud wird ihnen empfohlen. Hat das Sinn? Eigentlich wollen sie doch in die Schweiz. Aber gut. Noch ein Versuch.

Und zum erstenmal fühlt sich der elegante 24jährige Russe – mit dem leicht gezwirbelten Oberlippenbart und dem melancholisch abwesenden Blick – wohl in Gegenwart eines Analytikers. *Freud war damals Mitte Fünfzig ...*

mittelgroß und von normaler Statur, schreibt er. *In seinem länglichen, von einem kurz gestutzten, schon ergrauten Bart umrahmten Gesicht fielen mir sofort seine klugen schwarzen Augen auf, die einen forschend beobachteten, ohne jedoch dadurch irgendein Unbehagen zu erwecken.* Die korrekte Kleidung, die sichere Haltung, die Ordnungsliebe, die innere Ausgeglichenheit und dann die Art, wie er zuhört, wie er fragt – all das begeistert den künftigen Patienten. Er hat *das Gefühl, einer ganz überragenden Persönlichkeit zu begegnen.* Aber was sagt er ihm gleich in der ersten Sitzung? Freud schreibt es vertraulich an Ferenczi: *er möchte mich von hinten gebrauchen und mir auf den Kopf scheißen.*

Richtig, so etwas habe er gesagt, wird er Jahre später der jungen Journalistin Karin Obholzer erzählen. Früher hat er Blasphemie-Gedanken gehabt, hat Gott beschimpft, nun war der Gott der Analyse dran. Aber Freud, sagt er, hat das stoisch ertragen. Ja, es sind bittere, qualvolle Ergüsse, die der Mann aus Odessa in langen Liegestunden dank Freuds erfrischend offener Fragetechnik mühsam aus sich herauswringt. Und so beginnen denn die Sitzungen, die je Stunde vierzig Kronen kosten. Das war teuer, denn für einen Tag im Sanatorium hatte der Wolfsmann zehn Kronen bezahlt. Nur gesund ist er da nicht geworden. So erzählt er nun – während Freud sich am Kopfende der Couch eine Zigarre anzündet – von seiner Kindheit, erzählt, wie sich unter dem feudalen Schein Albträume entwickelt haben.

Die hemmungslos sinnliche Schwester traktiert den jüngeren Bruder mit Penisspielen. Und der ist so irritiert, daß er glaubt, nun seine Nanja verführen zu müssen. Öffnet seinen Hosenlatz vor dem Kindermädchen und fängt an zu onanieren – solange die Kräfte reichen. Die einfache Frau begreift instinktiv, daß sich da Abgründe auftun, sagt ihm: Kinder, die das tun, werden dort eine Wunde bekommen. Der Satz steht wie ein Menetekel vor ihm, als er die Schwester und deren Freundin beim Wasserlassen beobachtet. Kein Schwanz dran! Da beginnt die Angst vor Kastration. Um die zu töten, quält er Schmetterlinge. Reißt ihnen brutal die Flügel aus. Quält auch sich selbst. Benutzt dazu seinen Vater. Brüllt so lange herum, bis der ihn durchprügelt. *Masturbatorische Züchtigungsphantasien.* Und ständig ist er in innerer Erregung. Will auch von seiner Nanja wissen, ob Christus einen Hintern hatte. Die fromme Kinderfrau sagt ihm, daß Jesus ein Gott und ein Mensch war. Dann konnte er also auch richtig scheißen? Als die entsetzte Nanja darauf nicht antwortet, gibt er sich die Lösung selbst: Wenn Jesus Wein aus Wasser machen konnte, wird es ihm wohl auch geglückt sein, aus Kacke was Netteres zu machen.

Zu dieser Zeit, also kurz vor seinem vierten Geburtstag, träumt er dann jenen Traum, der seinen Fall weltberühmt machen wird. Er träumt, daß es

Jeder Traum hat mindestens eine Stelle, an welcher er unergründlich ist, gleichsam einen Nabel, durch den er mit dem Unerkannten zusammenhängt.

DIE TRAUMDEUTUNG, 1899/1900

Nacht ist und er in seinem Bett liegt. Es ist Winter. Und plötzlich öffnet sich von selbst das Fenster. Ganz lautlos. Und zu seinem Schrecken sitzen draußen im Nußbaum sechs oder sieben Wölfe. Weiße Wölfe mit Fuchsschwänzen. Sitzen reglos in den Ästen und starren ihn an. Mit aufgestellten Ohren, wie bei Hunden. In panischer Angst, von ihnen gefressen zu werden, schreit er laut auf – und erwacht, in Schweiß gebadet. Was hatte ihm der Großvater einmal erzählt? Die Geschichte vom Wolf, dem der Schwanz ausgerissen wird. Da ist sie wieder, die Kastrationsangst. Zu der kommt nun eine Tierphobie, die ihn wieder bis in die Träume verfolgt. Er reitet auf einem Pferd und wird von einer Riesenraupe verfolgt. Oder ein Dämon treibt es mit einem Mädchen, dessen Körper eine gewaltige Schnecke ist. Da gehen auch seine sexuellen Wünsche mit den Jahren ungehemmt in alle Richtungen. Entladen sich in homosexuellen oder erniedrigenden Akten. Zwanghaft sucht er sich unterprivilegierte Frauen, dralle Bäuerinnen und Dienstmädchen mit fetten Hintern, die er rückwärts nehmen kann, und holt sich mit siebzehn eine Gonorrhöe.

Freud beschreibt die vier Jahre dauernde Analyse 1918 in seiner »Geschichte einer infantilen Neurose«. Beschreibt, wie der Wolfsmann aus der Tiefe des Unbewußten Bilder hervorholt: Er sieht seine Eltern beim Geschlechtsverkehr. Will in Erinnerung haben, wie sie es *a tergo* treiben, wobei man ihnen in die Genitalien sehen kann. Freud bezweifelt nicht, daß solche verlorenen Szenen nach Jahren wieder an die Oberfläche kommen können. Er weiß aber auch, daß die kopulierenden Hunde auf dem Gut, von denen der Wolfsmann erzählt, mit den Eltern verschmolzen sein können. Und er beschreibt die jahrelangen Darmstörungen des Wolfsmanns, der sich nur mit Einläufen und Klistieren helfen kann. Sonst geht für Monate gar nichts. *Seine Hauptklage war,* schreibt Freud, *daß die Welt für ihn in einen Schleier gehüllt sei.* Und dieser Schleier zerreißt nur nach dem Lavement. *Dann fühlte er sich auch wieder gesund und normal.*

Einmal fragt der Wolfsmann, warum Freud immer hinter ihm sitzt und nicht am Fußende der Couch, wo man sich anschauen kann. So hat er am

Anfang gesessen, sagt Freud. Bis eine Patientin versuchte, ihn mit Blicken zu verführen. Von da an wechselte er den Platz. *Ich vertrage es nicht,* schreibt er damals auch, *acht Stunden täglich (oder länger) von anderen angestarrt zu werden.* Aber was macht er mit einer Patientin, die sich wirklich in ihn verliebt? Analysieren, sagt Freud. Ihr klarmachen, daß ihre Verliebtheit ein früheres Erlebnis wiederholt. Es ist eine *Übertragungsliebe.* Es hat keinen Sinn, mit ihr darüber zu diskutieren. Da würde am Ende die Patientin ihr Ziel erreichen, nicht aber der Analytiker. Und Freud erzählt die schöne Geschichte vom Pastor und dem todkranken Versicherungsagenten. Die Verwandten flehen den Geistlichen an, den Moribunden doch im Angesicht des Todes zu bekehren. Er will es versuchen, sagt der Gottesmann. Die Unterredung dauert und dauert, und die Familie ist schon voller Hoffnung. Da öffnet sich endlich die Tür. Und? Nein, sagt der Pastor, den Ungläubigen konnte er nicht bekehren, aber er selbst sei jetzt versichert.

Der Analytiker und sein schwieriger Patient unterhalten sich im Qualm der Zigarre auch über Literatur und Malerei. Freud erzählt ihm von Leonardo da Vincis rätselvoller »Anna Selbdritt«, die im Louvre hängt und über die er eine biographische Skizze geschrieben hat. Alles geht ja über Phantasien, Träume oder Erinnerungen. Und so eine phantastische Erinnerung will Leonardo schon in der Wiege gehabt haben: Da sei ein Geier auf ihn zugeflogen und hat ihm den Mund mit seinem Schwanz geöffnet. Ein Geier kommt nur als Weibchen vor, ist das Symbol für die jungfräuliche Geburt. Leonardo ist ein uneheliches Kind. Sein Vater heiratet bald eine andere Frau. So liebt der Knabe denn seine verlassene Mutter. Und die liebt ihn überzärtlich zurück. Mehr, als es ihm vielleicht guttut, denn so lenkt sie ihn unbewußt in die Homosexualität hinein.

Freud hat versucht, das Puzzle zusammenzusetzen – aus Leonardo, der Mutter und der Stiefmutter, die den Jungen ebenfalls liebt. So ist es auf dem berühmten Gemälde »Anna Selbdritt« zu sehen, wo der Maler sich selbst und seine beiden Mütter malt – beide mit dem Mona-Lisa-Lächeln. Ja, Leonardo ist ihm nah. Ein Rebell gegen alle Normen. Ein Rebell gegen den Vater. Ein Revolutionär in der Wissenschaft. Auch sein Credo gefällt ihm: *Wer im Streite der Meinungen sich auf die Autorität beruft, der arbeitet mit seinem Gedächtnis anstatt mit seinem Verstand.*

Der Wolfsmann fragt Freud auch nach Literatur aus, sagt ihm, er liebe Maupassant. *Kein schlechter Geschmack,* sagt Freud. Er selbst habe eine Vorliebe für Anatole France. Und erzählt auch gleich eine Szene aus einem Roman: Streiten zwei Römer darüber, welchem der mythologischen Götter wohl die

Zukunft gehöre. Und beide sehen diesen armseligen Jünger Christi nicht, der da im Bettlergewand an ihnen vorbeischlurft und schon dabei ist, für seinen Gott die olympischen Götter zu stürzen. Freud hat aber auch Sherlock-Holmes-Romane von Conan Doyle gelesen. Und Wilhelm Busch findet er wunderbar.

Sie stritten sich beim Wein herum,
Was das nun wieder wäre;
Das mit dem Darwin wär gar zu dumm
Und wider die menschliche Ehre

Sie tranken manchen Humpen aus,
Sie stolperten aus den Türen,
Sie grunzten vernehmlich und kamen zu Haus
Gekrochen auf allen vieren.

Einmal reden sie lange über russische Schriftsteller. Für Freud steht Dostojewski über allen. Er ist der Analytiker unter den Autoren. Er kann wie kein anderer das Unbewußte und die Abgründe in der menschlichen Seele beschreiben. »Die Brüder Karamasow« enthalten alles: Glaube, Liebe, Hoffnung, Verrat, Betrug, Eifersucht, Selbstmord, Vatermord, Ödipuskomplex. Alles schon da in seiner Literatur, was bei Freud über die Couch in die Wissenschaft eingeht. Und der Wolfsmann erinnert sich, daß Freud in einer Analysestunde einen Traum von Raskolnikow, dem Mörder der Pfandleiherin, deutet. Der Wolfsmann ist ja selbst eine Figur wie aus einem Dostojewski-Roman der Zarenzeit: Sein liberaler Vater neigt zu Depressionen, die hypochondrisch veranlagte Mutter ist nur mit ihren Scheinkrankheiten beschäftigt, die Großmutter ist rätselhaft und geschäftssüchtig, der Großvater macht seinem Sohn – wie in den »Brüdern Karamasow« – die Braut streitig, ein Onkel leidet an Paranoia, die Schwester ist hochbegabt und wild und wollüstig bis in den Suizid. Und er selbst, der Wolfsmann, landet nach einer Odyssee durch deutsche Arztpraxen auf der Couch bei Sigmund Freud und kann nach vier Jahren von seiner infantilen Neurose geheilt werden. Am Ende hat Freud ihm dann noch von einer Versammlung erzählt, auf der die Psychoanalyse verteufelt und verdammt wurde: zu viel Sexualität, zu unwissenschaftlich, zu unsittlich. Und wissen Sie was? sagt Freud, der Abend endete damit, daß die Herrschaften sich unanständige Witze erzählten.

Im Spätsommer 1913 ist dann endlich Urlaubszeit. Endlich sieht Freud die *schönste u ewigste Stadt* wieder – Rom. Er kommt mit seiner Schwägerin

Minna bei Scirocco an, sie steigen im Hotel »Eden« ab, und am nächsten Tag sitzt er draußen im Garten und schreibt einen Brief an die Kinder in Wien. *Eine herrliche Sonne strahlt aufs Papier,* und er hat seinen Antiquitätenhändler schon auf der Straße getroffen, Ettore Sandolo. Freud ist ja Stammkunde bei verschiedenen Händlern und wird auch aus Rom wieder etwas für seine Sammlung finden. Jeden Tag geht er nun einen bestimmten Weg, geht auf der Via Cavour an den Fori Imperiali vorbei, dann links in die Via San Francesco di Paolo und hinein in die Kirche San Pietro in Vincoli – zu seinem Moses von Michelangelo. *Durch drei einsame September-Wochen,* schreibt Freud zwanzig Jahre später, *bin ich 1913 alltäglich in der Kirche vor der Statue gestanden, habe sie studiert, gemessen, gezeichnet, bis mir jenes Verständnis aufging, das ich in dem Aufsatz doch nur anonym auszudrücken wagte.*

Moses, diesen monumentalen, muskulösen, gebieterischen Mann mit den Hörnern im Haar, den Strahlen-Enden, den Symbolen dafür, daß er Gott gesehen, wie soll Freud diesen Moses interpretieren? Welchen Augenblick hat Michelangelo festgehalten? Will er wütend die Gesetzestafeln, die er vom Berge Sinai mitgebracht, zerschmettern, weil die Kinder Israels ums Goldene Kalb herumturnen? Stundenlang sitzt Freud auf einem Kirchenstuhl vor dem Marmorkoloß und wartet. Wartet, daß Moses aufspringt und die Tafeln wutentbrannt zu Boden schleudert. *Nichts davon geschah,* schreibt Freud, *anstatt dessen wurde der Stein immer starrer, eine fast erdrückende Stille ging von ihm aus, und ich mußte fühlen, hier sei etwas dargestellt, was unverändert so bleiben könne, dieser Moses werde ewig so dasitzen und so zürnen.*

Freud hatte sich im Jahr zuvor einen kleinen Gips-Moses aus Rom mitgebracht. Und er läßt sich nun von einem Künstler Zeichnungen anfertigen. Im Winter schreibt er es dann, *sein Kind der Liebe,* schreibt die schönste Einfühlung in Michelangelos Gedanken. Nein, *unser Moses wird nicht aufspringen und die Tafeln nicht von sich schleudern.* Er wollte es, ja, wollte in einem Anfall von Abscheu und Zorn die Zehn Gebote am Felsen zerschlagen. Wollte sein Volk ins Gelobte Land führen, doch das Volk spielte Sodom und Gomorrha. Wie ihn das anekelt. *Aber er hat die Versuchung überwunden,* schreibt Freud, hat den inneren Sturm überstanden, *er wird jetzt so sitzen bleiben in gebändigter Wut, in mit Verachtung gemischtem Schmerz.* Für ihn ist dieser Moses die höchste Kunst, die in Marmor geschlagene *höchste psychische Leistung, die einem Menschen möglich ist, für das Niederringen der eigenen Leidenschaft zugunsten und im Auftrage einer Bestimmung, der man sich geweiht hat.*

Freud schreibt seinen Moses anonym unter drei Sternen. Warum nicht unter seinem Namen? *Glauben Sie nicht,* fragt ihn Karl Abraham, Gründer

der Berliner Psychoanalytischen Gesellschaft, *daß man die Klaue des Löwen doch erkennen wird?* Aber Freud bleibt dabei, möchte *sich nicht vor der Öffentlichkeit zu diesem Kinde* bekennen. Das tut er erst zehn Jahre später. Warum? Ist ihm der Moses zu nah? Vier Jahre zuvor hatte er seinem Liebling C. G. Jung noch geschrieben: *... und Sie werden als Joshua, wenn ich der Moses bin, das gelobte Land der Psychiatrie, das ich nur von der Ferne erschauen darf, in Besitz nehmen.* Doch Freud vergleicht sich, wie er sagt, eher mit dem historischen Moses. Nicht mit der Figur von Michelangelo. Vielleicht aber mit der Deutung? Denn sein Leben, schreibt Peter Gay, *das zeigte sich immer und immer wieder, war ein Kampf um Selbstdisziplin, um die Beherrschung seiner spekulativen Impulse und seines Zorns.*

»Es ist beschlossen worden, Sie nicht als Feind zu betrachten« Der Erste Weltkrieg

Es ist ein heißer, schwüler Sonntag, dieser 28. Juni 1914. Der Wolfsmann fühlt sich glücklich und befreit. In ein paar Tagen wird er die *Kur* bei Freud beenden. Er ist stolz, durchgehalten zu haben, und selig, daß er kuriert ist. Er hat schon ein Abschiedsgeschenk für seinen Analytiker gekauft, eine ägyptische Fürstin, eine antike Figur. Er wird sie Freud am letzten Behandlungstag geben. Ein neues Stück für seine Sammlung. Nun macht er einen langen Spaziergang durch den Prater, denkt an seine Freundin, die er bald heiraten wird. Er hat sie Freud vorgestellt, und der fand sie sehr sympathisch. Ach, die *Zukunft erschien mir in einem recht rosigen Licht.* In dieser vergnügten Stimmung kommt er nach Hause, und da stürzt ihm das Dienstmädchen mit einem Extrablatt entgegen: Das österreichische Erzherzogpaar von serbischem Extremisten erschossen.

Natürlich spricht er am nächsten Tag auf der Couch auch über die Schüsse von Sarajewo. Und Freud meint, daß es sicherlich Krieg mit Rußland gegeben hätte, wenn dieser Franz Ferdinand auf den Thron gekommen wäre. Da wissen beide noch nicht, daß die Ermordung bereits der Startschuß ist für einen Krieg, der ganz Europa in den Abgrund stürzt. Denn Österreich beschuldigt Belgrad der Mittäterschaft am Attentat. Schickt eine herrische Note. Das begrüßt Deutschland und steht fest hinter seinem Verbündeten. Ablehnung der friedlichen serbischen Antwort, Abzug der Diplomaten, Kriegserklärung Österreich-Ungarns an Serbien am 28. Juli 1914. *Dieses Land ist wild vor Freude auf einen Krieg*, schreibt der Britische Botschafter nach London. Vor dem Wahnsinn steht der Rausch, stehen Abenteuerlust und Schlachtenrufe, Alkohol und wüste Lieder.

> *Wenn es Russenköpfe regnet,*
> *und Franzosenköpfe schneit,*
> *dann bitten wir den lieben Gott,*
> *daß das Wetter noch so bleibt.*

Wer weiß denn noch, wie Krieg aussieht. Nach einem halben Jahrhundert Frieden hat die Jugend keine Angst vor ihm. Auch nicht vor dem Tod. Die Magie der Fackeln und Fahnen umnebelt die Heldenköpfe. Sie sehen sich heroisch in blitzblanken Uniformen, sehen den Tod als großen Reiniger – vom Erbfeind. Alle Vorurteile, die der Nationalismus ausbrütet, schwimmen nun wie Fettaugen auf der Masse: Russen sind Barbaren und Vandalen, Engländer heuchlerische, arrogante Krämerseelen, Franzosen verkommene Sklaven der Liebe. Das sind die Feinde, die geschlagen werden müssen. *Deshalb jubelten und sangen sie in den Zügen, die sie zur Schlachtbank führten*, schreibt Stefan Zweig über die ersten Kriegsstunden, *wild und fiebernd strömte die rote Blutwelle durch die Adern des ganzen Reichs.*

Der Patriotismus geht auch an Familie Freud nicht vorbei. Alexander Freud schreibt seinem Bruder, der sich gerade mit seiner Frau Martha in Karlsbad erholt: *Es ist wirklich ein großer Jubel.* Und *mein guter alter Haß gegen die englische Perfidie wird wahrscheinlich recht behalten; sie werden sich nicht genieren, an die Seite von Rußland zu treten.* Freud, der sich doch sonst gern aus allen politischen Debatten raushält, begrüßt die harte Haltung Österreichs und die deutsche Unterstützung auch. *Ich fühle mich aber vielleicht zum ersten Mal seit 30 Jahren als Österreicher*, schreibt er, der einst in Paris weder Österreicher noch Deutscher, sondern nur Jude sein wollte. Dem Wolfsmann gegenüber hatte er ja schon gemeint, daß es wohl doch – wie bei den Serben – Völker gibt, in denen die schlechten Eigenschaften stärker ausgeprägt sind als bei den anderen. Freud schränkt auch seinen Briefwechsel mit dem Ungarn Ferenczi erst einmal ein. Zu anstrengend. Zu emotional. Er müsse sich auf die Arbeit konzentrieren, schreibt er ihm.

Und was ist mit Ernest Jones? Dem englischen Freund? Dem unentbehrlichen Verbündeten, der nun auf der »falschen« Seite steht? Freud, der immer

In Zeiten tiefer Traurigkeit betäubt sich Freud mit Arbeit und schreibt über Melancholie.
Hausfassade, Rom

ein Faible für England hatte, bespricht die Lage mit seinen Kollegen und teilt Jones mit: *Es ist allgemein beschlossen worden, Sie nicht als Feind zu betrachten!* Nur eine Konzession macht er als neugeborener Österreicher: Er schreibt ihm von nun an bis zum Ende des Krieges – auf deutsch. Und es stört ihn, daß Jones so sicher vom Endsieg der Alliierten spricht. Ja, er glaubt felsenfest an ihn. Also da findet Freud die Briten schon ziemlich arrogant und hochmütig. *Vergessen Sie nicht,* antwortet er Jones, *daß jetzt sehr viel gelogen wird.* Epidemien? Gibt es nicht in Wien! Alle sind guter Dinge. Aber das sind sie natürlich nicht. Freud hat drei Söhne im Krieg. Oliver, der mittlere, arbeitet als Ingenieur bei der Armee. Ernst, der jüngste, hat sich freiwillig an die italienische Front gemeldet. Und Martin marschiert an die Ostfront. Es sei die beste Gelegenheit, schreibt der seinem Vater, *meiner Abneigung gegen Rußland deutlich Ausdruck zu geben.*

Nein, Freud ist wirklich nicht guter Dinge in diesen elenden Zeiten. Viele seiner jüngeren Kollegen werden eingezogen, weil sie ja auch Ärzte sind. Und was die an der Front behandeln müssen, übersteigt fast alles, was sie in Wien oder Berlin je auf ihrer Couch liegen hatten: Soldaten, die vom Trommelfeuer halb wahnsinnig geworden sind; Schwerverletzte, die ganze Tage und panische Nächte ohne Arme oder Beine neben ihren toten Kameraden in Granattrichtern lagen; junge Kerle, die ihre Freunde im Stahlhagel verbluten sahen; Gaskranke, die blind geworden sind und versuchen, sich das Gift aus der Lunge zu husten. Sie alle werden, wenn sie überleben, Kriegsneurosen zurückbehalten, Granatschocks und traumatische Erinnerungen. Ihre künftigen Träume werden davon überschäumen. Und sie werden kaum eine Chance haben, Linderung in einer Analyse zu finden.

Auch Freud, dem fleißigen Träumer, erscheinen seine Söhne in der Nacht, erschreckend wie in einem Shakespeare-Traum. Den schlimmsten, *prophetischen,* hat er vom 8. auf den 9. Juli 1915. Da sieht er ganz klar den Tod der Söhne – allen voran Martin. Und Martin ist an der russischen Front. Wenig später erhält Freud einen Feldpostbrief von ihm. Darin steht, daß er just an jenem Tag verletzt wurde. Die Mütze sei ihm vom Kopf geschossen worden, und ein Streifschuß hat seinen Ärmel durchlöchert. Zum Glück nicht weiter dramatisch. Aber die Frontberichte lassen Schlimmes ahnen, und Freud und seine Frau bangen Tag und Nacht um ihre Kinder.

Seine Patienten merken davon nichts. Einer der wenigen Analysanden, die Freud im Krieg behandelt, beschreibt eine Sitzung. Erzählt, wie er da *nicht ohne starke Erregung* auf dem Sofa liegt. *Freud saß hinter meinem Kopf auf einem Fauteuil ... immer eine Zigarre in der Hand oder im Mund.* Und der

Gerade die Betonung des Gebotes: Du sollst nicht töten, macht uns sicher, daß wir von einer unendlich langen Generationsreihe von Mördern abstammen, denen die Mordlust, wie vielleicht noch uns selbst, im Blute lag.

ZEITGEMÄSSES ÜBER KRIEG UND TOD, 1915

Patient ist aggressiv, beschimpft den Professor, sagt ihm, er sei ein *Schwindler* und *Ausnützer* und schwört, er werde sich an ihm rächen. Aber Freud hört sich das alles ruhig an, bleibt wortkarg und reserviert, immer im Bewußtsein, daß er hier der Arzt ist. *Sein Blick war, wenn ich Gelegenheit hatte, ihn zu sehen, wenigstens für mich, tief durchdringend und gütig dabei.* Und er schälte mit erstaunlicher Sicherheit *aus meinen verworrensten Träumen einen Kern heraus, den zu begreifen ich mich weigerte.*

Das Wartezimmer in der Berggasse 19 wird leerer und leerer. Wenig Patienten, wenig Verdienst. Nach neun Monaten Krieg schätzt Freud seine Verluste bereits auf 40 000 Kronen. Und ein Ende ist nicht abzusehen. Aus alter Gewohnheit sammelt er weiter Witze. Kriegswitze: »Es hatten sich viele Telephonistinnen zum Roten Kreuz gemeldet, wurden aber nicht angenommen, weil es bekannt ist, daß sie sehr schlecht verbinden.« Vorbei die Euphorie, vorbei die Hoffnung auf ein geordnetes Europa. Vorbei auch die *Blütezeit* der Psychoanalyse. *Was Jung und Adler von der Bewegung übriggelassen haben, geht jetzt in den Zerwürfnissen der Nationen zugrunde*, notiert Freud zutiefst deprimiert. Deprimierende Briefe gehen auch an Lou Andreas-Salomé: *Ich fühle mich oft so allein wie in den ersten zehn Jahren, da Wüste um mich war.* Und die begabte Freundin schreibt ihrem Lehrer, sie zweifle nicht daran, daß die Menschheit auch diesen Krieg verkraftet, doch sie selbst wird ihres Lebens wohl nicht mehr recht froh werden. *Das kommt davon, daß Staaten sich nicht psychoanalysieren lassen.* Als auch Freuds Schwiegersohn Max Halberstadt – seine Sophie hatte ihn 1913 geheiratet – in Frankreich verwundet wird und Freuds zweiter Sohn Ernst durch einen glücklichen Zufall am Tod vorbeischrammt, fragt er: *Meinen Sie, daß man sich auf die regelmäßige Wiederholung solcher Zufälle verlassen kann?* Und Lou Andreas-Salomé, die ihren pessimistischen Freund kennt, antwortet wie immer optimistisch: *Ja, ich glaube doch an die Wiederkehr der glücklichen Zufälle!* Aber Freud, der die Menschheit in dieser Zeit eher reif für die Couch hält, kann Lous Gutgläubigkeit nicht teilen und schreibt, daß *wir organisch nicht für diese Kultur taugen. Wir haben abzutreten.* Und der große Unbekannte oder Schöpfer oder wer auch immer soll sein *Kulturexperiment einmal mit einer anderen Rasse wiederholen.*

Freud, der Wissenschaftler, der Erfinder der Psychoanalyse, der Mann, der sich bisher über nichts wunderte, ist nun sprachlos, wie Menschen über den Tod von Menschen jubeln können. Wie der homo sapiens zum Mörder wird. Wie der Krieg aus Menschen Monster macht. Trauer und Melancholie sind seine Grundstimmung, als er 1915 »Zeitgemäßes über Krieg und Tod« schreibt. Und das in einem Jahr, in dem der Patriotismus noch glüht und die Zensur wie ein Geier über Texten wacht. Freuds Arzt Max Schur glaubt denn auch, es sei *die typisch österreichische Schlamperei* gewesen, daß ein Aufsatz erscheinen konnte, der so beginnt: *Von dem Wirbel dieser Kriegszeit gepackt, einseitig unterrichtet, ohne Distanz von den großen Veränderungen, die sich bereits vollzogen haben ... werden wir selbst irre an der Bedeutung der Eindrücke ... Es will uns scheinen, als hätte noch niemals ein Ereignis so viel kostbares Gemeingut der Menschheit zerstört, so viele der klarsten Intelligenzen verwirrt, so gründlich das Hohe erniedrigt.* Der Staat, schreibt er, fordert Gehorsam von seinen Bürgern, entmündigt sie aber durch Verheimlichung und Zensur. Nein, der Mensch ist wirklich nicht *hilfreich und edel*. Es ist eine Illusion, zu glauben, das Böse kann durch Erziehung ausgerottet werden. Das Böse sitzt tief im Menschen, und die elementaren Triebe zielen nun mal auf die Befriedigung von Urbedürfnissen. Also läßt der Krieg den primitiven Urmenschen zum Vorschein kommen, der nur an den Tod des Feindes glaubt und nicht an den eigenen. Und so erinnert Freud an den alten Spruch: *si vis pacem, para bellum.* Wenn du Frieden willst, rüste zum Krieg. *Es wäre zeitgemäß, ihn abzuändern in: si vis vitam, para mortem.* Wenn du das Leben willst, richte dich auf den Tod ein.

Die Welt ist aus den Fugen: Materialschlacht an der Somme, Kampf um Verdun, Kaiser Franz Joseph I. stirbt nach 68 Thronjahren, Revolution in Rußland, Zar Nikolaus II. dankt ab, Amerika erklärt Deutschland den Krieg, gnadenloser U-Boot-Krieg, und Karl Kraus – für den Wien eine Versuchsstation des Weltuntergangs ist – beschreibt »Die letzten Tage der Menschheit«, diese blutige Höllenfahrt unheldischer Leichtfiguren.

III. Akt 4. Szene, zwei Studenten der Philosophie begegnen einander.
DER ERSTE: Ach Junge ich sage dir, das Leben ist doch schön, der Sieger vom Skagerrak ist Ehrendoktor unserer Fakultät.
DER ZWEITE: Offenbar wegen seiner Stellung zu Goethe.

DER ERSTE: *Nanu?*
DER ZWEITE: *Ja Menschenskind weißt du denn nicht,*
er hat sich doch über das U-Boot-Gedicht von Goethe geäußert!

Unter allen Wassern ist – »U«.
Von Englands Flotte spürest du
Kaum einen Hauch...
Mein Schiff ward versenkt, daß es knallte.
Warte nur, balde
R-U-hast du auch!

Freud mag diesen Karl Kraus nicht mehr. Vor Jahren hatten sie noch freundlich miteinander verkehrt, was Kraus aber nicht hinderte, in seiner »Fackel« gelegentlich die Krallen auszufahren. *Psychologen sind Durchschauer der Leere und Schwindler der Tiefe,* heißt es da. Oder: *Psychoanalyse ist jene Geisteskrankheit, für deren Therapie sie sich hält.* Und den Weg zurück in die Kindheit möchte Kraus, *nach reiflicher Überlegung, doch lieber mit Jean Paul als mit S. Freud machen.* Über solche Aphorismen kann Freud nicht lachen, vor allem nicht in jenen Jahren, als er dabei ist, seine Bewegung in Schwung zu bringen. Ja, es kränkt ihn, daß er bei dieser *begabten Bestie K. K.* lesen muß, daß die Psychoanalyse *mehr eine Leidenschaft als eine Wissenschaft* sein soll. Damals schreibt Freud ein bißchen beleidigt an Ferenczi, er habe das Geheimnis von Karl Kraus jetzt gelüftet: *Er ist ein toller Schwachsinniger mit großer schauspielerischer Begabung, der Entrüstung wie Intelligenz gleichermaßen glänzend darstellen kann.* Doch das sind die Probleme von gestern. Heute geht es ums Überleben der Psychoanalyse.

Auf Freud wirkt die *nie nachlassende Spannung der Kriegsjahre* erschöpfend und ermüdend. 1916 ist er 60 geworden und fühlt sich *an der Schwelle des Greisenalters.* Aber er schreibt. Und er hält in den Wintersemestern Vorlesungen. Da ist er brillant wie immer. Die kriegsuntauglichen Studenten und

---

Ich kann nicht Optimist sein, unterscheide mich von den Pessimisten, glaub' ich, nur dadurch, daß mich das Böse, Dumme, Unsinnige nicht außer Fassung bringt, weil ich's von vorneherein in die Zusammensetzung der Welt aufgenommen habe.

AN LOU ANDREAS-SALOMÉ, 30. JULI 1915

übriggebliebenen Mediziner genießen seine sokratische Methode, zu unterbrechen, um Fragen zu stellen. Fragen an sich selbst. Und noch immer würzt er die Diskussionen mit aktuellen Witzen, um sich und die anderen bei Laune zu halten. Sagt der gereizte Feldwebel zum undisziplinierten Soldaten: »Wissen Sie was, Kohn, kaufen Sie sich eine Kanone und machen Sie sich selbständig.« Und natürlich findet er in zensierten Zeitungen bonmots und malmots, die den Feind kleinmachen. Schreibt ein jüdischer Soldat aus der russischen Armee an seine Eltern: »Es geht uns gut. Wir gehen täglich ein paar Meilen zurück. So Gott will, hoffe ich, zu Rosch-haschana zu Hause zu sein.« Er fragt die Studenten aber auch, ob nicht *die Millionen von Geführten* mitschuldig sind am Weltkriegsgemetzel, wenn man *an das Unmaß von Brutalität, Grausamkeit und Verlogenheit* denkt, das sich in der Kulturwelt breitmacht.

Freud betäubt sich mit Arbeit, schreibt über Neurosen und Melancholie und wundert sich über seine enorme Produktivität. Vielleicht hängt sie mit der *großartigen Besserung in meiner Darmtätigkeit* zusammen, verrät er Ferenczi; und die könnte vom harten Kriegsbrot herrühren. Dabei sind es ja bittere Jahre. Die Preise schießen in die Höhe, der Schwarzhandel blüht, es gibt viel zuwenig zu essen, *ich bin Fleischfresser gewesen,* schreibt Freud an Abraham nach Berlin. Vielleicht sei er deshalb oft so müde und abgespannt. Außerdem ist es eiseskalt. Es gibt keine Kohlen, und er sitzt, in Decken gehüllt und mit blaugefrorenen Fingern, am Schreibtisch. Die Gerüchte, daß er 1917 den Nobelpreis für Medizin erhalten soll, verflüchtigen sich. Da ist er schon sehr enttäuscht. Es wäre für seine Wissenschaft so wichtig gewesen. Für seinen Geldbeutel auch. Und dann rückt der Februar 1918 näher, der Monat, in dem er wohl sterben wird. Ja, er ist abergläubisch. Und warum sollen sie auch nicht stimmen, die periodischen Berechnungen dieses Datums, die noch von Fließ stammen, dem verflossenen Freund. Als der Monat dann allerdings spurlos an ihm vorübergeht, sagt er nur trocken: *Der schöne Aberglaube mit den 62 muß jetzt endgültig aufgegeben werden. Es ist doch kein Verlaß auf die Übernatürlichkeit.* In der Wirklichkeit ist Freud immer eher launisch und vergnügt mit seinem Aberglauben umgegangen, der für ihn ein Teil der Psyche ist. Sein Rationalismus ist dadurch nie wirklich ins Wanken geraten. Auch nicht, als er noch mit seiner Martha verlobt war, er in Wien und sie in Wandsbek. Ob sie ihn am letzten Donnerstag zwischen halb elf und halb zwölf etwa nicht mehr liebgehabt hätte, fragt er die Braut damals. Da sei nämlich die Lötstelle am Ring, den sie ihm geschenkt, gebrochen. Und die Perle ist rausgesprungen. Hat sie ihn vielleicht sogar verlassen? Oder hat sie einen anderen? *Nun höre,* schreibt er weiter, *ich sehe da eine gute Gelegenheit, einem Aberglauben den*

Garaus zu machen, indem er an nichts anderes mehr denkt, als den Ring wieder richten zu lassen.

Freud lebt also weiter, wird im letzten Kriegs-Mai 62, und als im Oktober 1918 die Bedingungen des Waffenstillstands unterzeichnet werden, brechen in Österreich böse Zeiten an. Was für ein Land ist da nun übriggeblieben! Ein Rumpf mit Haupt und ohne Glieder. Die Länder der k. k. Monarchie sind weggerissen. Befreit. Alle Fabriken, die einst den Moloch Wien gefüttert haben, stehen nun auf fremdem Territorium und liefern nichts mehr. Kaiser Karl weigert sich, abzudanken. Doch er verläßt mit Kaiserin Zita das Land, reist per Zug in die Schweiz. Stefan Zweig steht durch Zufall am Bahnhof und sieht den Herrscher am Fenster seines Waggons stehen, blaß und ernst. Da gehen dem Schriftsteller Prachtbilder von einst durch den Kopf: Das alte Kaiserpaar auf der großen Freitreppe von Schloß Schönbrunn, umgeben von *blitzenden Uniformen der Generäle,* und achtzigtausend Wiener Schulkinder huldigen dem Herrscher mit Haydns »Gott erhalte Franz, den Kaiser ...«. Auch Martha Freud hat patriotische Erinnerungen, war Anhängerin der deutschen Kaiserfamilie, und sie frisierte ihre Söhne früher wie die jungen Prinzen aus Berlin.

Tempi passati. Vorbei, vorbei. Österreich, das heißt nun: kaiserlos, klein und allein. Und in die Hauptstadt strömen zerlumpte Soldaten und Flüchtlinge aus den abgetrennten Ländern der Donaumonarchie. Kein Anschluß an Deutschland. Verbot der Siegermächte. Und Südtirol geht auch noch an Italien. *Ich bin ja kein Patriot,* schreibt Freud, *aber es ist schmerzlich zu denken, daß so ziemlich die ganze Welt Ausland sein wird.* Wie alle Österreicher, so machen auch Freuds harte Zeiten durch. Aber die Söhne Oliver und Ernst leben, sind zurück in Wien. Von Martin gibt es keine Nachricht. Mehrere Monate warten Martha und Freud auf ein Zeichen ihres Ältesten. Nach einem chaotischen Rückzug landet er schließlich als Kriegsgefangener in der Nähe von Genua, wo es ihm, wie er endlich schreiben kann, gutgeht.

Im zerstückelten Restreich aber herrschen Hunger und Chaos. Keine Kohle, kein Holz, kein Petroleum, eine halbe Kerze pro Monat, kaum Milch, Reis statt Fleisch, Sauerkraut statt Kartoffeln, Papier ist knapp, und wo findet Freud einen brauchbaren Füllfederhalter? Zweig, der seit zehn Jahren sporadisch mit Freud korrespondiert, beschreibt die ersten Friedensjahre und schaut der Hungersnot *in die gelben und gefährlichen Augen:* Das Brot krümelt und *schmeckt nach Pech und Leim, Kaffee war ein Absud von gebrannter Gerste, Bier ein gelbes Wasser, Schokolade gefärbter Sand, ... in unserem Garten schoß ein junger Bursche Eichhörnchen als Sonntagsspeise ab, und wohlgenährte Hunde oder Katzen kamen nur selten von längeren Spaziergängen zurück.*

Als Freud einen Artikel für ein ungarisches Fachblatt schreibt, bittet er darum, mit Kartoffeln bezahlt zu werden. Freunde und reiche Verwandte in England und Amerika schicken heißbegehrte Pakete mit Fett, Corned Beef, Kakao, Tee, Schokolade und Shetland-Stoff für einen Anzug mit Weste. Und immer ist auch Freuds *Arbeitsmittel* dabei, seine lebenswichtigen Zigarren. Sogar aus dem Stab des US-Präsidenten klingelt Anfang 1919 ein Besucher in der Berggasse 19 und bringt dem berühmten Herrn Professor zwei Körbe mit Nahrungsmitteln samt einer Kiste Havanna-Zigarren. Und Ernest Jones überrascht Martha Freud mit einer wunderschönen Jacke, die auch *Annerl* so hübsch steht. Mutter und Tochter werden sie abwechselnd tragen. Da schreibt Freud seinem *Dear Jones* ja längst schon wieder auf Englisch.

Bittbriefe gehen viele Monate lang an den Neffen Samuel Freud nach Manchester oder den Schwager Eli Bernays in die USA. Freud schreibt von einem Hering, der ein Festessen war, und von seinen Stiefeln, die aus den Nähten gegangen sind, schreibt vom Hunger der Kinder und ist der unermüdliche Anschaffer und Versorger seiner Sippe, und ihn packt heiliger Zorn, wenn ein geplündertes Paket ankommt.

»Ich möchte mit Anstand aus der Welt verschwinden«
Sterben, Leben, Krebs

Freud sucht sich eine Lehrerin. Er muß dringend sein Englisch herausputzen. Es ärgert ihn, daß er doch so viele Lücken hat. Also Stunden nehmen, Grammatik pauken, Vokabeln büffeln, *aber ich finde es mit 64 viel schwerer zu lernen als mit 16.* Warum Englisch? Weil seine Patienten jetzt Engländer sind. Oder Amerikaner. Weil sie Geld haben und sich Analysen leisten können, die in England Kult und Mode sind. Und weil sie nicht mit Schecks zahlen, sondern cash in Pfund und Dollar. Schecks könnte Freud vergessen, denn die werden in Kronen ausgezahlt, und Kronen sind heute nichts wert und morgen noch viel weniger. Die galoppierende Inflation hat seine Ersparnisse aufgefressen. *Du mußt Dir vor Augen halten,* schreibt er Samuel nach England, *daß wir alle 19/20 von dem verloren, was wir in bar besaßen.* Und Freud besaß stattliche Ersparnisse. 150 000 Kronen fürs Alter – perdu. Und die Lebensversicherung für Martha, die 100 000 Kronen? Ernest Jones sagt, damit hätte sie nicht einmal mehr einen Fiaker bezahlen können.

Freud denkt jeden Tag an den Tod. Er sagt, das sei eine gute Übung.
Jüdischer Friedhof, Wien

So liegen denn auf Freuds berühmter Couch fast nur noch englisch sprechende neurotische, hysterische, hypochondrische, neugierige, depressive oder manische Menschen. Und manchmal flüstern und murmeln sie nur oder *sprechen ein abscheuliches Idiom*, einen Slang, der kaum zu verstehen ist. *Ich mache mir Sorgen wegen meines Englischs,* schreibt er dann an Jones, der ihm die Patienten von London nach Wien geschickt hat. Fünf bis sieben Stunden hört Freud sich täglich ihre Seelendramen an, *aber ich werde nie ihre verd... Sprache korrekt erlernen.*

Die Kasse jedoch füllt sich. Und er braucht das Geld dringend, denn alles, was er entbehren kann, schickt er an seine Kinder. Oliver, der Ingenieur, hat eine Anstellung gefunden. Aber wie lange? Ernst arbeitet in München ohne Gehalt. Sophies Mann Max, der Fotograf, hat keine Aufträge, und sein Atelier ist zerstört. Und Martin, der gerade aus der Kriegsgefangenschaft zurückgekommen ist, *würde trotz seiner vielen Medaillen und Auszeichnungen auf der Straße stehen, wenn er nicht einen alten Vater hätte, der noch arbeitet,* schreibt Freud an Jones. So schuftet Freud im Akkord. Analysiert in einer fremden Sprache. Nennt die Engländer und Amerikaner auf seiner Couch seine *Entente-Leute*. Möchte sich nicht gern von *Mittelmächte-Patienten* ernähren müssen, also von Wienern, Ungarn oder Deutschen. Bringt nichts ein. Eigentlich eine unmögliche Haltung für einen *würdigen alten Mann*, schreibt er an Jones, aber *c'est la guerre*. Und er bittet seinen jungen Freund in London, das alles doch für sich zu behalten.

Das tut Jones natürlich. Schließlich liebt und verehrt er seinen Meister. Doch der ist ihm gegenüber oft von bemerkenswerter Indiskretion. Als eine morphiumsüchtige Geliebte von Jones bei Freud auf der Couch liegt, erzählt der ihm alle Fortschritte, die seine schöne junge Freundin macht. Freud plaudert auch offen über das Privatleben von Kollegen, erzählt sogar von deren *sexuellen Perversionen*, die er auf seiner Couch erfahren hat. Und wenn Jones Freud um Diskretion bittet, kann er nicht sicher sein, daß der sich auch daran hält. Einmal schickt Jones ihm einen Analyse-Studenten und schreibt eine nicht sehr schmeichelhafte Charakteristik dazu. Und was tut Freud? Schon beim ersten Gespräch geht er ins Nebenzimmer, kramt den Brief hervor und liest ihn dem verblüfften Engländer vor. Oder Jones klärt Freud – unter dem Siegel der Verschwiegenheit – über einen Patienten auf, der heimlich Morphium nimmt. Er meint, sein Mentor müsse das für die Behandlung wissen. Und was tut Freud? Er dankt für den Hinweis und wird ihn verschweigen. Sagt er. Aber schon kurz darauf kommt bei Jones ein bitterböser Brief des »aufgeklärten« Patienten an. Das alles, glaubt sein späterer Biograph, hängt wohl mit Freuds gnadenloser Offenheit zusammen, seiner Abneigung gegen Formalitäten und *seiner Ungeduld gegenüber Einschränkungen seiner Handlungsfreiheit.*

Das ist die Zeit, als der Tod in Freuds Leben wildert. Der erste ist noch weit entfernt. Es ist Ernest Jones' Vater. Und Freud schreibt ihm keinen Trauerbrief mit Beklommenheitsfloskeln. Er erklärt, daß es ein *Glücksfall* ist, daß der alte Herr nicht lange hat leiden und warten müssen, *bis er Stück für Stück von seinem Krebs aufgefressen wurde*. Der zweite Tod trifft Freud wie ein *scharfer Schmerz*. Es ist Anton von Freund, 40 Jahre, Brauereibesitzer aus Budapest, ein echter Freund, ein Förderer der neuen Wissenschaft, der nach dem Krieg mit einer gewaltigen Geldspende dafür sorgt, daß der Psychoanalytische Verlag unabhängig ist. Freud besucht den Schwerkranken Tag für Tag, erlebt, wie er vom Krebs ausgehöhlt wird, schreibt am Todestag an Max Eitingon – den Gründer der ersten psychoanalytischen Klinik in Berlin –, daß von Freund geweint hat, als Freud ihn zum Mitglied ihres Komitees ernannt und ihm den Ring mit diesem *besonders interessanten Stein* überreicht hat.

Der dritte Tod schlägt direkt in Freuds Herz ein. Sophie, sein *Sonntagskind*, die schwanger ist mit ihrem dritten Kind, stirbt in Hamburg an Grippe und Lungenentzündung. Ein spätes Kriegsopfer, ja, es ist zum Heulen. Wie war sie nur geschwächt über all die Jahre, und noch immer gibt es keine Kohlen, keine Vitamine, kein Fleisch. Da hatte die Infektion leichtes Spiel mit seiner schönen, zarten Sophie. Freud ist verzweifelt, schreibt an seinen Schwiegersohn, der nun mit den zwei kleinen Söhnen allein ist: *ich mache keinen Versuch, Dich zu trösten, wie Du nichts für uns tun kannst.* Schreibt, *daß es ein sinnloser, brutaler Akt des Schicksals ist, der uns unsere Sophie geraubt hat*. Und er bittet Max, sich als seinen Sohn zu betrachten, und unterzeichnet liebevoll mit *Papa*. Schreibt an Ferenczi: *da ich im tiefsten ungläubig bin, habe ich niemand zu beschuldigen und weiß, daß es keinen Ort gibt, wo man Klage anbringen kann*. Schreibt einer ungarischen Freundin, daß Martha unendlich leidet und daß er ja wenigstens arbeiten kann. Aber ob er je wieder froh sein kann? Er weiß es nicht.

Am 8. September 1920 reist Freud mit seiner Anna zum 6. Internationalen Psychoanalytischen Kongreß nach Den Haag. Was für ein Treffen! 62 Mitglieder, die meisten Freudianer, und vor zwei Jahren waren sie noch offizielle Feinde. Nun feiern sie ihre Wiedervereinigung. Aber wie dünn und grau sie geworden sind, die Analytiker der besiegten Länder, die Deutschen, Österreicher und Ungarn. Nach den harten Kriegs- und Nachkriegsjahren stehen sie sprachlos vor überquellenden Buffets, vor Steaks und Entenkeulen, Fisch und Gemüse, Obst und Kuchen, Milch und Kaffee. Ein Schlaraffenland. Träume

*Das Ziel alles Lebens ist der Tod, und zurückgreifend:
Das Leblose war früher da als das Lebende.*

JENSEITS DES LUSTPRINZIPS, 1920

aus einer verschwundenen Zeit. Anna Freud erinnert sich, wie ihr Vater, der wirklich nicht viel Geld dabei hatte, so großzügig war. *Er gab mir jeden Tag eine gewisse Summe, die ich für Obst (Bananen etc.) ausgeben konnte, das wir in Wien seit Jahren nicht gehabt hatten.* Er besteht auch darauf, daß sie sich neue Kleider kauft. Er will, daß es ihr gutgeht. Sich selbst deckt er nach vier erfolgreichen Tagen nur mit Zigarren ein.

In der Berggasse betäubt er sich dann mit Analysen. Sitzt wieder hungry nach der täglichen dünnen Gemüsesuppe Stunde um Stunde auf dem Sessel hinter der Couch, frierend trotz langer Unterhosen, Überzieher, dicker Socken und der wärmenden Zigarre, die er manchmal sogar mit Handschuhen raucht. Aber der Dollar rollt, es rollen die Pfunde und Schweizer Franken. Und da lädt er dann, großzügig und gastfreundlich, wie er ist, die *Verehrteste Frau* Lou Andreas-Salomé ein. Doch, sie soll das Reisegeld unbesorgt annehmen. *Ich bin durch den Erwerb in gutem, fremden Geld … relativ reich geworden,* schreibt er ihr. Und sie kann es gebrauchen. In Deutschland schluckt die Inflation die Einkünfte wie in Österreich. Freuds erfolgreiche Schülerin sitzt also zehn Stunden täglich hinter der Couch, um halbwegs über die Runden zu kommen. Und in Bad Tölz, wo sie in einem Sanatorium als Analytikerin arbeiten soll, entdeckt sie, daß der Direktor sich sexuell an seinen Patienten vergeht. Da kann sie unmöglich bleiben. Also ein Besuch beim großen Freud ist eine ersehnte Unterbrechung von Plackerei und Routine.

Anna Freud holt sie vom Bahnhof ab. Sie schleppen das Gepäck in die Berggasse und gehen gleich, es ist Mittwoch, zur berühmten Runde, die hin und wieder auch in einem Lokal stattfindet. Und Lou Andreas-Salomé wird ins Tagebuch schreiben, *wie schön und lustig* es war, *dort zu erscheinen.* Da Freud tagsüber keine Zeit hat, wandert die 26jährige Anna mit ihrer 60jährigen neuen Freundin durch die Stadt. Abends gehen sie dann zu dritt mit Freud spazieren oder reden bis in die Nacht hinein im Arbeitszimmer des Analytikers. Lou Andreas-Salomé möchte mehr über den Selbstmord von Freuds Schüler Viktor Tausk wissen. *Armer Tausk,* sagt sie. *Ich hatte ihn lieb.* Er war ein so begabter Kerl. Acht, neun Jahre ist es her, da hatte sie eine leidenschaftliche Affäre mit diesem verrückten Kerl, der erst Jurist war, dann Journalist, dann Medizin studierte und schließlich bei Freud eine Lehranalyse machte. Ein Liebling der Frauen war er, hatte sich ein paarmal verlobt und kam mit schweren Depressionen aus dem Krieg zurück, wollte aber wieder heiraten. Und dann hat er das Kunststück fertiggebracht, sich eine Woche vor der Hochzeit gleichzeitig zu erhängen und zu erschießen. Er wollte eben sichergehen.

Nie, sagt Lou Andreas-Salomé, nie hätte sie gedacht, daß er sich einmal umbringen könnte. Sie kannte ihn doch. Freud kannte ihn auch. Und er urteilt eher kühl über den wahrscheinlich letzten *Akt seines infantilen Kampfes mit dem Vatergespenst*. Doch der düstere Suizid war für ihn damals, als es passierte, der Anstoß zu einem neuen Thema, mit dem er nun beginnen würde. *Ich habe mir jetzt als Altenteil das Thema des Todes ausgewählt*. Und dazu wird er zum erstenmal Schopenhauer lesen müssen, sagt er der Freundin, die er in seinen Briefen nun *Liebste Lou* nennt. Also Schopenhauer, diesen Kronzeugen einer *unheilen* Welt, den Philosophen mit der *Todes-Erotik*, wie Thomas Mann sagt.

Freud variiert die Idee Schopenhauers, der Tod sei *das eigentliche Resultat*, also der Zweck *des Lebens*. Er erweitert diesen »Todestrieb« um den »Aggressionstrieb«. Im Schlachthaus des Ersten Weltkriegs sind für Freud beide Triebe zu einer unentwirrbaren Masse zusammengewachsen: Wut und Wollust zur Grausamkeit, Haß und Freude am Sadismus. Nietzsche hat einen ähnlichen Gedanken gehabt. Sobald irgendwo ein Krieg ausbricht, sagt er, bricht auch eine *geheim gehaltene Lust aus: Sie werfen sich mit Entzücken der neuen Gefahr des Todes entgegen*. Was im Krieg zum Massenphänomen wird, hatte Freud in der »Traumdeutung« bereits als individuelle Aggression bei sich selbst aufgedeckt: die Todeswünsche gegen seinen Bruder und die gedachten Angriffe gegen den Vater. Alles mächtige Antriebe, die im Ödipuskomplex gipfeln. *Die Trieblehre*, schreibt Freud, *ist sozusagen unsere Mythologie. Die Triebe sind mythologische Wesen, großartig in ihrer Unbestimmtheit. Wir können in unserer Arbeit keinen Augenblick von ihnen absehen und sind dabei nie sicher, sie scharf zu sehen.*

Eines Tages, im Februar 1923, spürt Freud sie wieder, diese bedenkliche Erhebung am Gaumen, diese schmerzhafte Verdickung, diese Geschwulst, die schon früher einmal aufgetaucht und dann wieder verschwunden war. Er ahnt, verdrängt, sagt den Freunden nichts und nichts seiner Martha, will auch nicht hören, daß er seine Sucht besiegen soll, seine Zigarren. Kommt nicht in Frage. Aber das Gewebe rebelliert. Pocht. Meldet sich. Also gut, er konsultiert einen alten Bekannten, Markus Hajek, den Schwager von Arthur Schnitzler, einen Laryngologen. Der guckt sich die Sache an, sagt, das käme eindeutig vom Rauchen, sagt aber auch noch: *Niemand kann erwarten, ewig zu leben.* Freud soll das wegmachen lassen, soll zu dieser *sehr kleinen Operation* ambulant in seine Klinik kommen.

Ein paar Tage später besucht ihn sein Internist und Hausarzt Felix Deutsch. Freud bittet ihn, sich *etwas Unangenehmes* in seinem Mund anzusehen. Und der erkennt sogleich das Karzinom. Doch noch bevor er überhaupt ein Wort sagen kann, bittet Freud ihn um aktive Sterbehilfe. Sagt es so: er möchte *mit Anstand aus der Welt verschwinden*, falls die Sache unheilbar ist. Deutsch ist derartig geschockt, daß er die Wahrheit für sich behält. Mit Anstand? Das kann doch nur heißen, er will Selbstmord machen. Und er soll ihm dabei helfen. Ausgeschlossen. Freud muß mit dem Rauchen aufhören, sagt er, und die Geschwulst rausoperieren lassen.

Das tut er. Und er tut es nicht etwa bei einem Spezialisten, einem Kieferchirurgen, sondern bei Hajek, den er noch nicht einmal für kompetent hält. Nein, er muß nicht über Nacht bleiben, sagt der ihm, es sind im Augenblick auch gar keine Betten frei, die kleine Operation kann ambulant gemacht werden, Freud sei in ein paar Stunden wieder zu Hause. Also sagt Freud zu Hause gar nichts. Und dann bekommt seine völlig überraschte Frau diesen Anruf aus der Klinik, sie möchte ihrem Mann doch bitte ein paar Sachen für die Nacht bringen. Als Martha und Anna Freud aufgelöst ins Krankenhaus kommen, sitzt Freud blutbefleckt und apathisch von all den Medikamenten auf einem Küchenstuhl. Halt! sagt die Schwester. Keine Besuchszeit! Dem Patienten geht es gut, die Damen möchten bitte in zwei, drei Stunden wiederkommen.

Aber dem Patienten geht es gar nicht gut. Die Operation ist schiefgegangen. Und kaum sind Frau und Tochter verschwunden, blutet die Wunde wieder. Also wird ein Notbett in einer Kammer aufgestellt, wo ein merkwürdiges Männchen, ein debiler Zwerg, auf seine Untersuchung wartet. Da liegt Freud nun. Und als ihm erneut das Blut aus dem Mund schießt, versucht er verzweifelt, die Klingel zu drücken. Aber die geht nicht, die ist defekt. Da rennt der Zwerg raus, schlägt Alarm – und Freud kann vor dem Verbluten gerettet werden.

Anna und ihre Mutter sind entsetzt, als sie davon erfahren. Und Freuds Tochter läßt sich nun nicht mehr fortjagen. Sie bleibt bei ihrem Vater. Die Schwestern, die wegen der kaputten Klingel ein schlechtes Gewissen haben, bringen ihr einen Stuhl und schwarzen Kaffee, *und mein Vater, der Zwerg und ich verbrachten die Nacht zusammen.* Als Freud schreckliche Schmerzen bekommt und Anna und die Nachtschwester nach dem zuständigen Chirurgen rufen, wird ihnen gesagt, der schläft und wird auch nicht geweckt. Am nächsten Morgen macht Hajek mit seinen Assistenzärzten Visite, tut, als sei nichts passiert, und entläßt Freud schließlich nach Hause.

Die Diagnose der rausgeschnittenen Geschwulst lautet – Krebs. Und die wird dem Patienten verheimlicht. Der beruhigt seine *liebste Lou* und andere Freunde, ja, er könne schon wieder sprechen, kauen, arbeiten, und rauchen dürfe er auch. Abraham, der Optimist aus Berlin, schreibt Freud, daß sein Onkel noch mit 75 Jahren in Ägypten auf einem Kamel durch die Wüste geritten ist. Freud antwortet, daß er ihn mal wieder gewaltig überschätzt. So ein Wüstenritt kommt für ihn nicht mehr in Frage. *Allmählich werden Sie sich an den Gedanken gewöhnen müssen, daß ich sterblich und hinfällig bin.*

Es geht ihm tatsächlich nicht gut. Er hat ununterbrochen Schmerzen, und Felix Deutsch sagt ihm, daß wohl eine noch radikalere Operation notwendig sei. Es wird die zweite von dreiunddreißig sein. Zunächst aber wird er bestrahlt. Doch das Radium beschädigt nur das Gewebe und verursacht die gräßlichen Schmerzen. Ahnt Freud tatsächlich noch immer nichts? Aber alle Kenner um ihn herum haben Entwarnung gegeben. Das wird er ihnen später übelnehmen, wird an Felix Deutsch schreiben, daß er, der Realist, *der elenden Feigheit der Menschen zum Opfer* gefallen ist und so *zum unwürdigen Schauspiel für andere* wurde.

Freud beginnt wieder zu arbeiten, schreibt weiter an »Das Ich und das Es«, seiner Geschichte der Seelenteilung. Das Es ist bei ihm ganz unten, da, wo die wilden Triebe wohnen, da, wo es brodelt, wo der *Störenfried Eros* versucht, den mächtigen, stummen Todestrieb zu überlisten. Und es will hoch zum Ich, das Es, will sich ins Bewußtsein bringen, seine Lust ausspielen. Da ist das brave Ich oft überfordert. Es will nicht schroff sein, will vermitteln, will sich diplomatisch mit ihm einigen, macht Konzessionen und *vertuscht die Konflikte des Es mit der Realität*. Denn über dem Ich hängt wie ein Damoklesschwert noch das Über-Ich. Und dieses moralische Über-Ich fuchtelt unentwegt vor dem Ich herum, paßt höllisch auf, daß es sich nicht mit den niedrigen Instinkten der Libido verbrüdert. Das arme Ich wird dabei ganz wuschig, hat Angst vor dem Es-Druck aus der Unterwelt und vor allem Angst vor dem strengen Über-Ich, dem kontrollierenden Gewissen. *In seiner Mittelstellung*, schreibt Freud, unterliegt das Ich *nur zu oft der Versuchung, liebedienerisch, opportunistisch und lügnerisch zu werden. Es benimmt sich dem Es gegenüber wie ein unterwürfiger Knecht, der um die Liebe seines Herrn wirbt.* Das Ich hat allerdings Glück, wenn der Mensch, der zu ihm gehört, humorvoll ist, wenn das Über-Ich sich herabläßt, dem eingeschnürten Ich ab und zu einen kleinen Lustgewinn zu gönnen, wenn der strenge Wächter für einen Augenblick in die Illusion hinüberwechselt und dem Ich einen Scherz zukommen läßt, einen Witz oder eine lustige Geschichte. So sind denn das Über-Ich, das Ich und das Es die drei *Provinzen*, in die Freud von nun an den Seelenapparat einer Person zerlegen wird.

In dieser Zeit begeht Freuds Nichte Cäcilie Selbstmord, *ein liebes Mädchen von 23*, schreibt er an Jones. Schwanger war sie und unverheiratet. Da hat sie Veronal genommen. Freud ist tief erschüttert, als er von ihrem Abschiedsbrief hört, den sie an ihre Mutter, Freuds Schwester Rosa, schrieb, als das Schlafmittel in ihrem Körper schon wirkte. Nein, niemand sei schuld an ihrem Tod, auch ihr Liebhaber nicht, und sie habe gar nicht gewußt, *daß Sterben so leicht ist und so froh macht*.

Dann kommt der bitterste Tod, das Sterben seines Lieblingsenkels Heinele. Es ist die schwerste Prüfung, die Freud zu bestehen hat. Der jüngste Sohn seiner toten Tochter Sophie ist vier Jahre, hat Tuberkulose und liegt seit Wochen in Wien bei Freuds ältester Tochter Mathilde und deren Mann. Der Junge ist so *dürr und schwächlich*, schreibt Freud an Ferenczi, *nichts als Augen, Haare und Knochen*. Die ganze Familie betet den bezaubernden, intelligenten kleinen Kerl an. Als ihm die Mandeln rausgenommen werden, hat Freud gerade seine erste Operation hinter sich. *Ich kann schon wieder Krusten essen,* sagt er zum Großvater, *du auch?* Und das Fieber will nicht sinken, er fällt ins Koma, erwacht wieder, stöhnt vor Kopfschmerz – und stirbt. Freud ist wie versteinert. Hat nie *ein Kind so lieb gehabt wie ihn*. Weint. *Im Grunde ist mir alles entwertet*, schreibt er. Arbeitet nur noch mechanisch. Fühlt zum erstenmal, daß er in eine Depression gerät. Und *noch immer im Maul gequält und von ohnmächtiger Sehnsucht nach dem lieben Kind besessen*. Er fühlt sich wie ein Todeskandidat. Liest Bernard Shaws zynische Vorrede zum »Arzt am Scheideweg«, notiert sich daraus das 12. Gebot: *Don't try to live for ever, you will not succeed.* Versuch nicht, ewig zu leben, es wird dir nicht gelingen.

»Aber mein Essen verträgt keine Zuschauer«
Freud wird operiert und analysiert seine Tochter

Freuds Palastwache, seine Vertrauten Abraham, Eitingon, Ferenczi, Rank, Sachs und Jones, reisen gemeinsam in die Dolomiten, wo Freud sich erholt. Anna, die um ihren Vater sehr besorgt ist, bittet den Hausarzt Felix Deutsch, doch auch zu kommen. Von ihm erfährt das *Geheime Komitee,* daß Freud Krebs hat. Die Analytiker sind geschockt. Weiß er davon? Nein. Deutsch hat die Sache auf »Leukoplakie« heruntergestuft. Nur ist eine neue Operation dringend notwendig. Aber will er nicht in ein paar Tagen mit Anna nach Rom fahren? Und geht das überhaupt? Doch, die Reise soll er noch machen, die wird ihm guttun. Aber müssen sie ihrem Herrn und Meister nicht die Wahrheit sagen? Sie tun es nicht. Weil niemand sich traut. Später wird Freud sie fragen, warum sie ihn belogen haben. *Mit welchem Recht?* Und Felix Deutsch wird es die Vertrauensstellung kosten. Was Freud nicht verzeihen kann, ist Bevormundung.

Anna ahnt vielleicht, daß alles doch schlimmer ist. *Papa hat weiter viel Beschwerden an der Wundstelle,* schreibt sie Lou Andreas-Salomé. Und an Rom glaubt sie erst, wenn sie mit ihm da ist. Am letzten Abend, als die Herren des Komitees sich noch einmal zum Essen treffen, ist auch Anna dabei, und sie macht anschließend mit Felix Deutsch einen Spaziergang, geht mit ihm bei Mondlicht durch die schöne Gegend, sie steigen den Hügel nach Lavarone hoch, und sie fragt ihn *halb scherzend,* ob sie – falls ihr Rom so gut gefallen würde wie ihrem Papa – nicht vielleicht länger mit ihm bleiben könnte? Länger als drei Wochen? fragt Deutsch entsetzt. Daran sei gar nicht zu denken! Also das müsse sie ihm versprechen. Das ist deutlich.

Rom! Freuds siebte und letzte Reise in die Ewige Stadt. *So bin ich wieder in Rom und merke, es wird mir wohltun,* schreibt er an die liebe Lou. Dabei ging es ihm auf der Bahnfahrt von Verona nach Rom miserabel, denn da schoß ihm plötzlich wieder Blut aus dem Mund. Doch nun scheint sich alles beruhigt zu haben. Vater und Tochter sind im Hotel »Eden« abgestiegen und haben ein volles Programm: Corso, Forum, Pincio, Palatin, Pantheon, Gianicolo, Vatikan, Piazza Navona, Campo dei Fiori – und da steht er: Giordano Bruno, der Mönch, der die unbefleckte Empfängnis Marias bezweifelte und wie Copernicus an ein unendliches Weltall mit unendlichen Welten glaubte. Dafür wurde er hier auf dem Campo als Ketzer bei lebendigem Leibe verbrannt.

Und natürlich sitzen Freud und Anna lange vor Moses, stecken lachend die Hand in die Bocca della Verità, fahren nach Tivoli, wo vermooste Monster Wasser speien, bewundern in der Sixtinischen Kapelle Michelangelos Gott, der Adam berührt, steigen die steilen Stufen zur Aracoeli hoch, ruhen sich an der Spanischen Treppe aus, laufen durch den Zoo, sehen in den Kapitolinischen Museen, wie Amor seine Psyche küßt, schreiben Postkarten an der Piazza Farnese, und Anna bekommt eine Silberkette, und natürlich gibt es auch wieder ein antikes Stück für Freuds Sammlung. Dann fahren sie schweren Herzens ab in Richtung Norden. *Ich tröste uns immer damit,* schreibt

Auch Freud wirft am Ende seiner Romreise eine Münze in den berühmten Brunnen.
Fontana di Trevi, Rom

Anna an Lou, daß Du sagst, es kommt gar nicht darauf an, wie klein das Stückchen ist, das man von der Unendlichkeit in die Hand bekommt. Und unseres war ja sehr groß. Freud wird nach der Reise an Jones von der *herrlichen Zeit in Rom* berichten und daß seine Anna *sich wirklich zu ihrem Vorteil entpuppt hat.*

Es ist Freuds letzte große Ferienreise. Er wird Italien nie wiedersehen und nie Griechenland. Vorbei die schönen Tage von Venedig, Verona, Neapel und Palermo, von Syrakus, Florenz, Bologna und Ravenna, Athen und Korfu, Patras und Korinth. Und vorbei vor allem die paradiesischen Tage von Rom, wo, wie Freud einst schrieb, die Römerinnen *merkwürdiger Weise auch noch schön sind, wenn sie häßlich sind.* Freud reist seit 1895, und sein großer Urlaub ist Jahr für Jahr von ihm herbeigesehnt. Und immer reist er in Begleitung, nimmt seinen Bruder Alexander mit oder die Schwägerin Minna, manchmal Ferenczi und andere Kollegen, später seine Tochter Anna.

Und wo bleibt Martha, seine Frau? Einmal reist er mit ihr nach Venedig, einmal nach Dalmatien und einmal, 1900, nach Südtirol. Das war's. Ernest Jones verteidigt seinen Helden und erklärt: *Seine Frau hatte immer alle Hände voll zu tun und war selten beweglich genug für weitere Reisen.* Nicht beweglich? Freud ist ziemlich überrascht, als er seine Martha in den Bergen klettern sieht, und zwar bei Sonne und in voller Montur, in Korsett und langem Kleid. Und einmal, im Familienurlaub in Riva, als die Kinder noch klein sind und leichtsinnig in einem Segelboot losschippern und ein stürmischer Wind aufkommt und das Boot plötzlich zwischen den Wellen herumtanzt, da stürzt Martha Freud, die weder segeln noch schwimmen kann, ins nächste Mietsboot, fährt los und rettet ihre Kinder vorm Kentern.

Auf seinen weiten Reisen schreibt Freud seiner Frau oder den Kindern fast täglich Postkarten, Telegramme oder Briefe und schwärmt von all den Schönheiten: *Palermo ist eine unerhörte Schwelgerei.* Und es tut ihm *schrecklich leid, daß ich Euch das nicht verschaffen kann. Um das alles zu sieben, zu neun ... zu genießen, hätte ich nicht Psychiater ... sondern Fabrikant von irgend etwas allgemein Brauchbarem – wie Klosettpapier, Zündhölzchen, Schuhknöpfen – werden müssen.* Aber zum Umlernen ist es nun zu spät, heißt es weiter, und so genießt er es denn *egoistisch, aber unter prinzipiellem Bedauern, allein.* Warum so kompliziert? Warum nicht nur mit seiner Martha? Erich Fromm findet es erstaunlich, *wie blind Freud trotz aller Selbstanalyse dem Problem der eigenen Ehe gegenüberstand und wie ausgiebig er, ohne es zu vermerken, sein Verhalten rationalisierte.*

Nach der letzten, langen Reise nach Rom kommt jetzt die Stunde der Wahrheit. Freud erfährt, daß er Krebs hat. Er nimmt es gefaßt auf und ist bereit für den Eingriff. Anfang Oktober 1923, wenige Tage nach der Rückkehr aus Italien, wird er von Professor Hans Pichler operiert, dem besten Kieferchirurgen weit und breit. Der schwere Eingriff unter Lokalanästhesie dauert mehrere Stunden. Freud schläft die meiste Zeit, als ihm der größte Teil des rechten Oberkiefers und ein Teil des Unterkiefers, des rechten weichen Gaumens und der Backen- und Zungenschleimhaut entfernt werden. Freud hat nach der dramatischen Operation einen optimalen Puls von 64.

Doch das Fieber steigt. Steigt zwei Tage. Es gibt ja noch keine Antibiotika, keine intravenöse Ernährung. Anna sitzt Stunden an seinem Bett und paßt auf. *Während ich bei Papa sitze,* schreibt sie an ihre Freundin Lou Andreas-Salomé, *häkle ich meistens an etwas, das ein Kleid für Dich werden soll.* Die *liebe Lou* muß ihr dafür aber bitte ihre Maße schicken. Am meisten schaffe sie, *wenn Papa schläft.* Lou Andreas-Salomé ist entzückt und gerührt und notiert: *Brustumfang 103, Hüftumfang 98, Taillenweite gar nicht beachten, weit lassen,* und läßt dann den *lieben, lieben Vater* grüßen.

Professor Pichler beobachtet die Wunde seines Patienten genau, und er fürchtet, daß da eine problematische Stelle übriggeblieben ist. Die beginnt tatsächlich eines Tages zu eitern. Er entnimmt eine Probe, schickt sie ein, hat recht, sagt Freud, die muß noch weg, dann ist alles in Ordnung. Der stimmt tapfer zu, und noch am selben Nachmittag schneidet Pichler das Stück vom Unterkiefer weg.

Es ist ein wahres Kunststück, was dem Arzt da gelungen ist. Aber Freud hat sich das alles anders vorstellt. Er ist frustriert und unzufrieden. Hatte gedacht, daß sein Arzt magische Kräfte hätte, ein Zauberer sei. Und nun? *Mit der zweiten Operation kam eine Enttäuschung.* So ist das mit den starken, hoffnungsvollen Gefühlen für seinen Chirurgen. Dabei ist der ja tatsächlich ein Zauberer, denn in den nächsten dreizehn Jahren wird es keine Krebswucherungen mehr geben, nur gutartige Leukoplakien, die weggeschnitten werden müssen.

Und dennoch beginnt für Freud die Zeit der Qualen. Die Prothese, die er tragen muß, schmerzt und klemmt und drückt. Essen, Reden, Rauchen ist zum Verzweifeln anstrengend. Das rechte Ohr ist taub geworden, *ich höre nichts ... als ein beständiges Rauschen,* schreibt er. Aber seine Sprache wird langsam wieder verständlich, *reicht für's Gewöhnliche aus, soll auch noch gebessert werden. Kauen und Schlucken kann ich natürlich, aber mein Essen verträgt keine Zuschauer.*

Sechzehn Jahre lang – bis zu seinem Tod – wird es für Freud keine schmerzfreie Zeit mehr geben. Erneute Eingriffe ziehen neue Prothesen nach sich. Sie müssen angepaßt und korrigiert werden, sie sollen eng und fest sitzen, damit die Stimme nicht zu nasal wird. Und jedesmal muß er wieder sprechen, essen, rauchen lernen.

Anna, die auf die 30 zugeht, ist für Freud inzwischen unentbehrlich. Nicht Martha, seine Frau, sondern Anna ist es, die ihn auf geradezu intime Weise pflegt. Sie hilft ihm jeden Tag, die Prothese zu lösen, zu säubern und wieder einzusetzen, was manchmal mehr als eine halbe Stunde dauert. Dann sitzt ihr Vater im Behandlungszimmer auf dem spartanischen Patientenstuhl mit dem festgebundenen Blumenkissen und der hochgeschraubten Kopfstütze, und sie reinigt den künstlichen Gaumen in der Emailleschüssel. Freud ist ein mustergültiger Patient. Hält still und klagt nicht. Nur manchmal hat er diesen gequälten Blick. Und er, der ja eigentlich nicht wollte, daß seine *Kleine* in die *traurige Funktion der Pflegerin von alten, kranken Eltern kommt,* kann sie kaum mehr entbehren. *Sie blüht und ist eine Stütze in allen Dingen,* schreibt er. Dabei sieht es inzwischen ganz so aus, als würde sie nicht mehr heiraten, was Freud auch wieder Sorgen macht.

Zehn Jahre zuvor, im Sommer 1914, da war er noch ganz anders besorgt um seine Jüngste. Sie ist damals 19 Jahre und fährt nach London. Freud fürchtet, daß Ernes Jones ein Auge auf sie geworfen hat. Er will aber unter keinen Umständen, daß der etwas mit ihr anfängt. Nicht mit seiner Anna! Wäre ja auch noch schöner, daß einer, der in seinem Stab arbeitet, auf diese Weise Privates über ihn erfahren könnte. *Ich weiß aus den besten Quellen, daß Dr. Jones ernsthafte Absichten hat, um Dich zu werben.* Das steht im Brief Nummer eins an seine Tochter. Da ist er wieder, Freuds ewiger Kontrollzwang. Natürlich soll sie, wie ihre Schwestern, die freie Wahl haben, soll sich den Mann ihres Herzens aussuchen dürfen. Aber bitte keine Entscheidung ohne seine Zustimmung! Jones sei ein guter Mitarbeiter, ja, aber nicht heiraten, *ehe Du etwas mehr gesehen, gelernt, erlebt und an Menschen erfahren hast.*

Dringlicher Brief Nummer zwei folgt, als Anna bereits in England angekommen ist. Also, sie soll ganz unbefangen und natürlich sein, Jones auch nicht ausweichen, soll ihm, *was gerade in England gut geht,* mit Freundschaft und Gleichheit begegnen. Ja, und nun? Muß er nicht auch Jones aufklären? Natürlich. Der vor allem muß doch in seine Schranken verwiesen werden. So schreibt der fortschrittliche, moderne Freud ihm denn einen hochviktorianischen Brief. Lobt erst einmal des Kindes Bildung und Begabung. Aber was kommt nun? *Sie verlangt nicht, als Frau behandelt zu werden, ist noch weit*

*Natürlich werde ich immer mehr auf Annas Pflege ange-
wiesen, ganz wie Mephistopheles einmal bemerkt hat:
»Am Ende hängen wir doch ab von Kreaturen, die wir mach-
ten.« Jedenfalls war es sehr weise, sie gemacht zu haben.*

AN LOU ANDREAS-SALOMÉ, 16. MAI 1935

entfernt von sexuellem Verlangen und lehnt Männer eher ab. Außerdem hätten Vater und Tochter einen Vertrag geschlossen, und der lautet, daß Anna erst in zwei oder drei Jahren heiraten wird. *Ich glaube nicht, daß sie den Vertrag brechen wird.* Wie bitte? Einen solchen Vertrag hat es nie gegeben. Aber viel komischer ist, daß Freud, der Erfinder der Psychoanalyse – in der Sexualität eine Hauptrolle spielt –, behauptet, seine Tochter, die immerhin schon eine junge Frau ist, habe noch keine sexuellen Gefühle. Das ist, schreibt Peter Gay, als habe Freud seinen Freud nicht gelesen.

Das alles ist nun zehn Jahre her. Und Anna ist noch immer nicht verheiratet. Sie liebt ihren Vater, sie reist mit ihm, sie liest auf Tagungen seine Vorträge vor, weil ihn das lange Sprechen anstrengt. Und der stolze Vater nennt Anna seine Antigone. Antigone – blutschänderische Tochter des Königs Ödipus und seiner Mutter Jokaste. Als der Geblendete aus der Stadt Theben vertrieben wird, nimmt seine Tochter ihn an die Hand und begleitet ihn auf seiner schmerzhaften Wanderung. Wie bei Freud. Es ist die Tochter, nicht die Frau, die ihm nahe ist. Und wie die Antigone von Sophokles so wird auch Anna nie heiraten. Sie ist ja schon heimliche Ehefrau – ihres Vaters. Als Freud 1926 wieder diese Herzschmerzen bekommt, läßt er sich ein paar Wochen in einem Sanatorium behandeln. Und wer schläft im Nebenzimmer? Anna, seine Krankenschwester, Stütze und Sekretärin, seine Vertraute und Beschützerin, *die sich,* wie Freud an Eitingon schreibt, *im Laufe des Tages in Frau und Tochter zerlegt, nachtsüber wohl regelmäßig die letztere bleiben wird.*

Wie lange ist es her, daß Freud diesen aufschlußreichen Traum hatte? Ihm träumte, er habe die Monographie über eine bestimmte Pflanze geschrieben. Das Buch ist fertig, liegt vor ihm, er blättert es durch und sieht, daß den farbigen Abbildungen jeweils eine getrocknete Pflanze beigelegt ist, *ähnlich wie in einem Herbarium.* Am nächsten Vormittag steht Freud dann vor dem Schaufenster einer Buchhandlung und sieht ein Blumenbuch mit Zyklamen auf der Titelseite. In der Analyse dieses Traumes schreibt er: *Zyklamen ist die Lieblingsblume meiner Frau. Ich mache mir Vorwürfe, daß ich so selten daran denke, ihr Blumen mitzubringen, wie sie sich's wünscht.*

Aber was ist mit den getrockneten Blumen aus dem Traum, die einmal blühende Pflanzen waren? Symbolisieren sie vielleicht die vertrocknete Liebe, die auch einmal blühte? Ist Amor nicht von Psyche erdrückt worden, der Eros von der Wissenschaft? Es sind wohl die Folgen der frühen, bitteren Jahre, in denen Freud, der an der Schwelle seiner Erkenntnisse stand, der vor Lust und Ehrgeiz glühte, in Wien, diesem Moloch zwischen Mittelalter und Moderne, nur an Grenzen stieß. An arische Mauern. An mittelmäßige Bürokratenköpfe und viktorianische Ärzte, die seine Erforschung des Innenmenschen als jüdischen Hokuspokus abtaten. Die nicht begriffen, daß es Freud gelungen war, an Kranken das Gesunde zu entdecken. Die ihm jahrelang den Professorensessel verweigerten. Was für eine Kraft hat es gekostet, gegen all diese Hindernisse ein internationales psychoanalytisches Netz zu spannen und selbst der berühmte Mann zu werden, der er nun ist. Martha Freud ist darüber die Mutter der Kinder geworden und die Hüterin des Hauses.

Anna ist die Zukunft. Denn Anna, die zur Lehrerin ausgebildet war, will jetzt Analytikerin werden, wie ihr Vater, wie ihre Freundin Lou Andreas-Salomé. Und Freud ermutigt sie dazu. Denn Therapeuten brauchen keine medizinische Ausbildung. Im Gegenteil. Die meisten Ärzte, sagt Freud mit durchaus boshaftem Unterton, sind *für die Übung der Psychoanalyse nicht ausgerüstet.* Sie haben in der *Würdigung dieses Heilverfahrens völlig versagt.* So sind weder Rank noch Sachs, noch Lou Andreas-Salomé Ärzte. Aber sie sind Analytiker, wie Freud sie sich wünscht. Er will nicht, daß seine Wissenschaft von Medizinern verschluckt wird. Also her mit denen, die den *freien menschlichen Blick* haben. Und den, meint er, hat seine Anna.

Um Analytikerin zu werden, muß man eine Analyse machen. Anna nimmt sie bei ihrem Vater. Freud legt also die eigene Tochter auf die Couch. Das ist ein Verstoß gegen alle Regeln, die Freud selbst aufgestellt hat. Früher, ja, da ging noch alles drunter und drüber. Da versuchte Jung, seine Frau zu analysieren, Ferenczi legte Jones auf die Couch und Freud Eitingon und Ferenczi. Aber inzwischen hat er doch gültige Normen aufgestellt, die nicht durchbrochen werden sollen. Wie wird er bald Ferenczi beschimpfen, weil der anfängt, seine Patienten zu bedauern, zu mögen und zu beschenken. Der Analytiker hat absolut neutral zu sein! Und wie viele wütende Briefe wird Freud an Jones schicken, als der zuläßt, daß eine junge Frau sich auf seiner Couch in ihn, den Analytiker, verliebt. Die ganze *Übertragungsbeziehung* hat er dadurch verpfuscht! Nun liegt die verstörte Patientin bei Freud. Und der schreibt seinem unartigen Kollegen: *Ich bin froh, daß Sie keine sexuellen Beziehungen zu ihr hatten, was ich nach Ihren Andeutungen vermutete.*

Und der Meister selbst? Analysiert gegen die eigenen Regeln seine Tochter. Das hat seinen Grund. Freud hat es immer vermieden, Privates nach außen dringen zu lassen. Nicht auszudenken also, wenn Anna von einem Kollegen oder gar einem Fremden analysiert worden wäre. Wie viele private Aufzeichnungen hat er selbst vernichtet, um nur ja nichts Intimes an die Öffentlichkeit gelangen zu lassen. Daß das Unternehmen mit seiner Tochter *eine heikle Sache* ist, weiß er, findet aber am Ende, daß sie ihm *gut geraten* ist.

Mit großen Unterbrechungen nimmt Freud – der 1924 die Zahl seiner Patienten wegen der Krankheit täglich auf sechs reduziert hat – die Analyse Annas wieder auf. Der lieben Lou schreibt er, daß seine Tochter *so unvernünftig ist, sich an einen alten Vater zu klammern*. Das macht ihm tatsächlich Sorgen, denn er weiß nicht, wie das Kind, wenn es tatsächlich allein bleiben wird, später leben soll, wenn er nicht mehr da ist. Darum hofft er, ihre *Libido aus dem Schlupfwinkel, wohin sie sich verkrochen,* herauszutreiben. Ach, seine Anna! Sie ist so eifersüchtig auf alle. Auf Freuds Freunde und auf seine Patienten, vor allem auf die eleganten Damen, die verschleiert in der Berggasse 19 anklingeln, um nur ja nicht erkannt zu werden, und sich dann auf der Couch ihres Vaters breitmachen. Anna hat ein solches *Talent, unglücklich zu sein,* schreibt Freud an Lou. Und er fürchtet, daß ihr die Begabung fehlt, das Unglück in siegreiche Produktivität umzuwandeln. Also zufrieden ist er mit der ganzen Situation nicht. Aber was will er machen? Wäre Anna fort, sagt er, wäre ihm das so schrecklich, als würde man ihm die Zigarren verbieten. *Von mir bringe ich sie nicht los, es hilft mir auch niemand dabei,* schreibt er der lieben Lou kurz nach seinem 69. Geburtstag.

Über diesen Tag berichtet Anna der Freundin. So viele Blumen hat ihr Papa bekommen. Orchideen, Nelken, Narzissen, Maiglöckchen, Tulpen, Rosen und *ganze Ströme von Flieder,* dazwischen *erste Erdbeeren, Ananasse, Briefe, Telegramme* und Verwandte von 90 Jahren bis zu 9 Monaten. Und Eitingon war da und Ferenczi. Also mit dem hat sie sich wunderbar verstanden. Ein bißchen peinlich war ihr nur, daß Lou ihm erzählt hat, daß sie auch singt. Bei Ferenczi macht ihr das zwar nicht ganz soviel aus. Aber bitte niemandem weitererzählen. *Man lacht mich doch sonst nur aus.*

Wegen Papas Prothese, schreibt sie ihr noch, *sind jetzt die Mahlzeiten bei uns meist gästelos.* Er ißt doch gar nichts, wenn jemand zuschaut. Und am Ende fällt noch ein Wort zur Analyse beim Vater. Da sei nämlich *etwas Merkwürdiges vorgegangen*. Sie könnte es Lou erzählen, *aber schreiben?* Nein, das kann sie nicht. Da ist sie anders als ihr Vater früher, der seinem Freund Fließ die intimsten Dinge verriet. Anna verrät ihrer Busenfreundin nur noch, daß *Dein Nachthemd-Schlafrock-Morgenkleid, oder was es sonst ist, wächst.* Sie häkelt also wieder, während ihr Vater Lou gegenüber zugibt, daß er sich in diesem komplizierten ödipalen Konflikt, in dieser problematischen Beziehung zu seinem Lieblingskind – hilflos verstrickt fühlt.

»Die Juden in aller Welt vergleichen mich mit Einstein« Der berühmte Freud

Im Sommer 1924 sind alle amerikanischen Zeitungen voll vom Mordprozeß gegen Nathan Leopold und Richard Loeb. Die beiden jungen Männer aus der High Society, 18 und 19, reich und gelangweilt, hatten sich vorgenommen, das perfekte Verbrechen zu begehen. Und so brachten sie ihren Freund um. Nach dem großen »Kick« wurden sie gefaßt. Also eine Mordsgeschichte. Masse und Presse fordern die Hinrichtung, der prominente Anwalt Lebenslänglich. In einem zwölfstündigen Plädoyer sagt er, *daß nichts in dieser Welt ohne Ursache geschieht,* spricht von Unschuld *auf Grund von Wahnsinn* und schämt sich für alle, die im 20. Jahrhundert noch nach dem Henker brüllen.

Da hat der Herausgeber der »Chicago Tribune« eine tolle Idee. Wir holen Freud, sagt er zum Chefredakteur. Der soll die beiden Mörder analysieren. Und was zahlen wir? 25 000 Dollar. Wenn er mehr will, kriegt er mehr. Aber ist der Mann nicht schon ziemlich alt, fast siebzig? Und krank soll er auch sein. Na, dann chartern wir eben einen Dampfer, sagt der potente Zeitungsmacher. Doch Freud lehnt ab.

Das nächste Angebot kommt aus Hollywood. Der mächtige Produzent Sam Goldwyn will, daß Freud für ihn ein Drehbuch schreibt. Eine Liebesgeschichte natürlich, nichts ist doch unterhaltsamer, ein erotisches Drama, ein *Großangriff auf die Herzen der Nation.* Freud hat doch sicher die verrücktesten Sachen auf seiner Couch erlebt. Goldwyn will 100 000 Dollar zahlen. Bei dieser Summe zögert Freud schon. Denkt an die Versorgung der Kinder, an sein Alter. Doch am Ende lehnt er ab. Schreibt: *In England und Amerika gibt es jetzt einen Psa. Rummel, der mir aber nicht lieb ist.*

Freud und seine Kollegen haben wirklich alle Hände voll zu tun, sich gegen die Quacksalber in London und den *transatlantischen Schund* aus New

Die Biographen aber sollen sich plagen, wir wollen's ihnen nicht zu leicht machen. Jeder soll mit seinen Ansichten über die »Entwicklung des Helden« recht behalten, ich freue mich schon, wie sie sich irren werden.

AN MARTHA BERNAYS, 28. APRIL 1885

York zu wehren. Scharlatane, wo man hinsieht. In einer Anzeige heißt es: *Möchten Sie 1 000 Pfund jährlich als Analytiker verdienen? Wir können Ihnen zeigen, wie.* Acht Kurse werden per Post geschickt, pro Kurs für vier Guineen. Greifen Sie zu! Und Ernest Jones erzählt, daß die Zeitungen voll sind von *vergewaltigten und dann erpreßten Patienten*, von lüsternen Schein-Analytikern und Serien von der Sex-Couch. Und Freud ärgert sich über all die Reporter, die ihm seine Zeit stehlen und dann doch nur schreiben, was sie nicht verstanden haben.

Aber jeder kennt Freud. Er ist berühmt. Sein Foto mit gestutztem Vollbart, Anzug und Weste aus feinem englischem Tuch, Uhrkette, Zigarre und dem durchdringenden Blick ist längst zur Ikone geworden. *Die Juden in aller Welt rühmen sich meines Namens und vergleichen mich mit Einstein*, schreibt er an seinen Neffen Samuel nach England. Briefwechsel mit Romain Rolland, Sinclair Lewis, Thomas Mann und Arnold Zweig beginnen. Zweig hätte den Meisterdenker so gern in Berlin gesehen, *aber ich wußte, daß Sie leidend sind und wollte mich nicht zwischen Sie und die notwendige Stille drängen.* Und der große Satiriker Ferenc Molnár aus Budapest erfindet die witzigste Kurzformel für Freuds Ödipuskomplex: *Junger Mann, glücklich verheiratet mit seiner Mutter, entdeckt, daß sie nicht seine Mutter ist – erschießt sich.*

Es ist die Zeit, als Freud wieder Vorlesungen an der Wiener Universität hält. Robert Neumann, der später alle großen Literaten parodieren wird, studiert damals in Wien. Als Medizinstudent belegt er auch ein Kolleg von Freud. Und da sitzt er nun in diesem *kleinsten und schäbigsten Hörsaal*, den der Ordinarius Freud zugewiesen hat, sitzt da mit seiner Geliebten, und vorn auf dem Podium – der Meister. *Die ganze erste Reihe vor ihm: Herren mit umfangreichen Umhängebärten, assyrischen Hohepriestern gleich – das waren Freuds Assistenten. Zwischen ihnen und uns in der letzten Bank: Reihe um Reihe mitteljunger Damen – das waren Patientinnen, Expatientinnen, potentielle Patientinnen.* Dabei ist es ein großartiges Kolleg, schreibt Neumann. Er erinnert

*Seit den 20er Jahren ist Sigmund Freud eine Ikone.
Shop im Freud Museum London*

sich noch genau an die erste Vorlesung. Da findet er diesen versteckten Saal nicht, kommt zu spät und hört gerade noch, wie Freud sagt: ... *und sollte jemand einwenden, diese Erklärung sei sehr gesucht, so ist meine Antwort: Sie ist auch sehr gefunden.*

Es gab kaum ein Gespräch, in dem der Name Freud nicht auftauchte, schreibt Elias Canetti. Er studiert damals in Wien Naturwissenschaften, wohnt in einem dunklen Zimmer in der Praterstraße und lebt von Brot und Joghurt. Die großen Themen abends in den Studentenbuden sind noch immer Otto Weiningers »Geschlecht und Charakter«, obwohl das Buch schon zwanzig Jahre alt ist, noch immer »Die letzten Tage der Menschheit« von Karl Kraus und immer wieder Theaterstücke von Schnitzler. Aber niemand ist anwesender als Sigmund Freud. Worte wie *Fehlleistung*, schreibt Canetti, sind längst in den allgemeinen Sprachgebrauch übergegangen. »Fehlleistungen« ist eine Art Gesellschaftsspiel. *Um das beliebte Wort häufig gebrauchen zu können, wurden sie am laufenden Band produziert.* In jedem Gespräch ist irgendwann der Moment da, wo man dem Partner schon am Mund ablesen kann: *jetzt kommt eine Fehlleistung.* Und kaum ist sie draußen, beginnt auch schon die Analyse. Und erst die Ödipuskomplexe! *Um diese raufte man sich, jeder wollte seinen.* Wer keinen hat, wird mit ihm beworfen. Erbarmungslos. Und am Ende jeder Diskussion, schreibt Canetti, *saß die ganze Gesellschaft gleich schuldig da, potentielle Mutterliebhaber und Vatermörder, durch den mythischen Namen umnebelt, heimliche Könige von Theben.*

Viele von den älteren Kommilitonen stehen auch noch unter dem Eindruck des Krieges, und sie wissen, was sie getan haben. Auf Befehl, versteht sich. Nun münzen sie es um zum kollektiven Zwang, und sie *griffen begierig nach allen Erklärungen für Mordanlagen, die ihnen die Psychoanalyse bot.* Canetti sagt, es war schon sehr merkwürdig, *wie harmlos jeder wurde, der seinen Ödipus abbekam.*

Neben dieser Mode, mit der Studenten und Intellektuelle spielen, gibt es noch eine andere Wiener Wirklichkeit, gibt es die Nachbeben vom ehemaligen Bürgermeister Karl Lueger. Er war es, der in der Donaustadt Rassismus, Sozialdarwinismus, Antisemitismus, arische Reinheitsträume und Haßgesänge gegen Sozialdemokraten stubenrein gemacht hat. Er bereitete den Boden, auf dem der Führer bald einmarschieren wird, Adolf Hitler, für den Lueger *der größte Bürgermeister aller Zeiten war.* In diesem gefährlichen Kleinbürgerklima wird auch Freuds Lehre diffamiert und er selbst zum hemmungslosen Erotomanen stilisiert. Und die reaktionären Blätter machen kräftig mit, so nach dem Motto: Eltern, schützt eure Kinder vor sexbesessenen Analytikern!

Freuds wichtigste und zahlungskräftigste Patienten kommen noch immer aus England oder Amerika. Einer von ihnen ist Smiley Blanton. Er will Analytiker werden und möchte bei Freud eine Lehranalyse machen. Briefe und Empfehlungsschreiben gehen hin und her, und am 1. September 1929 sieht er den berühmten Mann zum erstenmal. *Sind Sie Dr. Blanton?* fragt der ihn mit seiner leisen und hohen Stimme, die wegen der Prothese auch noch undeutlich ist. Blanton ist erstaunt, wie klein Freud ist. Eins siebzig – leicht gebeugt. Und wie zerbrechlich er wirkt. Und bei der Begrüßung, schreibt der Besucher in sein Tagebuch, *lag etwas beinahe Mißtrauisches.*

Freud bittet den Amerikaner auf die Couch. Er möchte von ihm wissen, ob er weiß, wie so eine Analyse abläuft. Blanton lagert verkrampft, halb liegend, halb sitzend, und sagt: Der Patient ist völlig entspannt und erzählt, was ihm gerade so in den Sinn kommt. *Nun denn,* sagt Freud, *warum entspannen Sie sich nicht?* So beginnt alles. Und als Blanton aus seinem Leben erzählt, fragt Freud, ob er sich darauf vorbereitet hat. Ja, das hat er. Und da erklärt Freud ihm, daß er sich auf gar nichts vorbereiten muß, sondern einfach erzählen soll, was ihm gerade so in den Sinn kommt. *Das ist die klassische Methode.*

Niemand hat sie besser begriffen als der Dramatiker Arthur Schnitzler. Freud hat ihn immer beneidet um *seine geheime Kenntnis* des Menschenherzens und der Psyche. Als er in den zwanziger Jahren sein »Fräulein Else« liest, dieses Meisterwerk eines inneren Monologs, hat er sozusagen die freie Assoziation auf der Couch als glanzvolle Wiener Gesellschaftsanalyse vor sich: spannend, sinnlich, exhibitionistisch, romantisch, zwanghaft.

Fräulein Else, kapriziöse Tochter aus gehobenem Bürgertum, erholt sich in einem exklusiven Kurort. Da kommt ein Brief von der Mama. Der Papa ist bankrott, steht vor dem Selbstmord oder mit einem Bein im Gefängnis, es sei denn, er bekommt umgehend 30 000 Gulden. Und bei ihr im Hotel wohnt doch der reiche Herr von Dorsday. Sie muß ihn um die Summe bitten. Muß. Sonst ist der Papa verloren. Da beginnt Elses freie Assoziation, ihr Monolog: *Das Schwarze ziehe ich an. Sie haben mich gestern alle angestarrt. Auch der blasse kleine Herr mit dem Zwicker. Schön bin ich eigentlich nicht, aber interessant. Zur Bühne hätte ich gehen sollen. Bertha hat schon drei Liebhaber ... Ich werde hundert Geliebte haben, tausend, warum nicht? Der Ausschnitt ist nicht tief genug, wenn ich verheiratet wäre, dürfte er tiefer sein. – Gut, daß ich Sie treffe, Herr von Dorsday, ich bekomme da eben einen Brief aus Wien ... Den Brief stecke ich auf alle Fälle zu mir.*

So erzählt Fräulein Else die ganze Novelle lang. Erzählt von ihrem Papa, den sie liebt, der ein Spieler ist, ein Künstler und Verführer, erzählt vom Filou mit dem Römerkopf, der ihr gefährlich werden könnte, von ihrem jungfräulichen Bett, von diesem Apoll am Wörthersee, der so unanständig war. Aber zusammen mit jemandem im Bett liegen? *Unappetitlich. Ich werde kein gemeinsames Schlafzimmer haben mit meinem Mann und mit meinen tausend Geliebten.* Und Herr von Dorsday? Aber ja, er wird die 30 000 zahlen, kein Problem, er hat doch gerade erst einen Rembrandt verkauft. Aber etwas muß Else schon dafür tun. Er möchte sie sehen, nur sehen. *Ist er verrückt? Er sieht mich doch. – Ah, so meint er das, so! Warum schlage ich ihm nicht ins Gesicht, dem Schuften! Bin ich rot geworden oder blaß? Nackt willst du mich sehen?* Er wird sie nackt sehen. Aber nicht er allein. Im Foyer wird Else vor ihm und allen den Pelz fallen lassen – und dann fällt sie selbst um. *Was reden sie denn da? Was murmeln sie denn da? Ich bin kein armes Kind. Ich bin glücklich. Der Filou hat mich nackt gesehen. O, ich schäme mich so. Was habe ich getan?* Sie wird in dieser Nacht Veronal nehmen. Und während sie in den Tod hinüberdämmert, gehen die letzten Gedanken zum geliebten und gehaßten Papa: *Was hast du mir mitgebracht? Dreitausend Puppen ... Gib mir die Hand, Papa. Wir fliegen zusammen. So schön ist die Welt, wenn man fliegen kann. Küß mir doch nicht die Hand. Ich bin ja dein Kind, Papa ...*

Freud ist zutiefst beeindruckt von solchen Texten. Und er weiß genau, warum er Begegnungen mit Schnitzler meidet – aus *Doppelgängerscheu*. Er findet, daß der Dramatiker durch Intuition und Selbstwahrnehmung genau das mit leichter Hand vollbringt, was er selbst, Freud, in mühseliger Arbeit an Menschen aufdeckt. *Ja, ich glaube,* schreibt er an Schnitzler, *im Grunde Ihres Wesens sind Sie ein psychologischer Tiefenforscher, so ehrlich und unparteiisch und unerschrocken wie nur je einer war.*

Das also ist sie, die freie Assoziation, die Freud Smiley Blanton beibringen will. *Glauben Sie nicht, daß Sie sich an irgendeinen vorgezeichneten Pfad halten müssen,* sagt er, *der Analytiker muß Ihnen folgen, wohin Sie auch gehen.* Und Freud fragt ihn, wie er nachts schläft. Schlecht, sagt Blanton, weil er alle zwei Stunden aufwacht. Und träumt er? Ja, oft. Und warum spricht er nicht über seine Träume? Weil er sie dauernd vergißt. Er wollte warten, bis er einen erwischt, den er dann gleich nach dem Erwachen aufschreiben kann. *Das sollten Sie nicht tun,* sagt Freud, *wenn man ihn aufschreibt, wird der Widerstand so stark, daß man ihn oft nicht mehr analysieren kann.*

Einmal unterbricht Freud ihn mitten in der Stunde und fragt, *ob Juden nicht in die gleiche Kategorie wie Neger einzuordnen seien.* So einen Vergleich, sagt Blanton, habe er noch nie gehört. *Ich aber oft,* sagt Freud. In einer anderen Stunde erklärt er seinem Schüler, daß man sich vor oberflächlicher Analyse hüten muß. Und erzählt von einer Biographie über Kaiser Wilhelm. Darin sei die ganze Persönlichkeit des Kaisers nur auf sein Minderwertigkeitsgefühl reduziert, auf seinen verkümmerten Arm. Das ist wirklich zu einfach gedacht. Viel interessanter, sagt Freud, sei doch, daß Wilhelms Mutter ihren Sohn wegen dieses verkrüppelten Arms haßte. Das alles, schreibt Blanton in sein Tagebuch, erzählt Freud auf englisch, das er *hervorragend beherrscht*. Als der junge Doktor ihm einmal 350 Dollar im voraus bezahlt, sagt Freud: *Sie müssen mir aber versprechen, sie von meiner Familie zurückzuverlangen, falls ich vorzeitig sterbe.* Vorzeitig sterben? Hat er einen Grund für solche Befürchtung? Nein, sagt Freud. Aber er denke jeden Tag an den Tod. *Es ist eine gute Übung.*

»Sie ist ein hervorragendes, männliches Frauenzimmer« Die Perle Paula, die Prinzessin Marie Bonaparte, der Arzt Dr. Schur

Im Sommer 1929 klingelt Paula Fichtl bei ihrer neuen Herrschaft in der Berggasse 19. Große Lust hat sie nicht auf die Stellung als Stubenmädchen. Die Frau Professor ist achtundsechzig, der Herr Professor über siebzig, und alte Leute, das weiß die 27jährige, sind ja doch immer eigen und verbohrt. Vorher hatte sie als Kindermädchen bei Dorothy Burlingham-Tiffany gearbeitet, der Tochter des amerikanischen Millionärs, die sich von ihrem manisch-depressiven Mann getrennt hatte und 1925 nach Wien gezogen war. Die hat sie nun an Freuds weitergereicht, wo sie gerade eine Lehranalyse macht. Dorothy Burlingham will nämlich, wie ihre Freundin Anna, Kinder-Analytikerin werden.

So ist Paula Fichtl an die Freuds geraten. Der Herr Professor, sagt sie, *hat mich nur kurz von oben bis unten angeschaut und gemeint, die kann bleiben.* Die Frau Professor ist *eine sehr stille Frau, dabei eine wirkliche Hausfrau und sehr heikel auf alles.* Die resolute *Tante Minna,* die nun schon seit 33 Jahren mit in der Wohnung lebt, ist die *plumpe* mit dem *starken Organ,* und Paula findet es schon etwas merkwürdig, daß ihr gefangenes Schlafzimmer direkt neben dem der Freuds liegt und die Schwägerin da also dauernd durchlaufen muß. Das alles erzählt sie viele Jahre nach Freuds Tod in einem langen Gespräch dem Journalisten Detlef Berthelsen.

Martha Freud weist das neue Stubenmädchen – außer ihr gibt es noch eine Köchin und ein Mädchen fürs Grobe, die täglich ins Haus kommen – in ihre

Aus seiner Antikenschar wählt Freud täglich eine Figur und stellt sie beim Mittagessen hinter den Teller.
Freud Museum London

Zwei lebenswichtige Frauen: Marie Bonaparte, die Mäzenin, und Martha Freud als junge Braut.
Freud Museum London

Arbeit ein. Erklärt ihr, wie vorsichtig sie beim Staubwischen mit den antiken Figuren umgehen muß. Und immer wieder auf denselben Platz hinstellen! Sagt ihr auch, wie die Couch behandelt werden soll. Die dunkelroten Samtkissen müssen jeden Tag ausgeklopft werden, und Kopfkissen und Nackenrolle bekommen stets einen frischen Leinenbezug. Daß Freud eine internationale Berühmtheit ist, damit kann Paula Fichtl wenig anfangen. Aber wenn der alte Herr mit dem weißen Vollbart, der immer etwas gebeugt geht, sie so freundlich durchdringend mit seinen schönen, dunklen Augen anschaut, dann kommt er ihr schon vor wie *einer von den Propheten aus der Bibel*. Sie versteht auch, daß er das Telefon nicht ausstehen kann. Es muß weit weg von seinem Arbeitsplatz stehen. Freuds Sohn Martin hat das, als er zu Besuch ist, einmal so erklärt: *Vater, der sich seiner Macht bewußt war, wenn er jemanden ansah, hatte das Gefühl, daß er sie verlor, wenn ihn eine tote Sprechmuschel anstarrte.*

Paula Fichtl steht nun jeden Morgen um halb sieben auf, heizt den Boiler – denn Freud nimmt nach dem Aufstehen immer ein Bad –, legt Kernseife und ein frisches Handtuch bereit, *der Herr Professor hat sie gern recht kratzig gehabt*, dann bereitet sie das Frühstück zu und hängt den von 20 Havannas geradezu geräucherten Anzug vom Vortag zum Lüften ans offene Fenster. Um halb neun öffnet sie dem Friseur, der Freud Tag für Tag für einen Schilling den Bart stutzt und die Haare kämmt. *Da war der Professor ein wenig eitel.*

Dann kommt die Stunde der Patienten. Frauen, *auch sehr hübsche junge*, klingeln an der Tür, die Paula in ihrer gestärkten weißen Schürze öffnet. Einige der Damen sind verschleiert, und das Mädchen wundert sich, warum die Frau Professor da nicht eifersüchtig ist. *Das gehört zu Herrn Professors Arbeit,* hat sie nur gesagt. Aber Paula Fichtl findet das nicht in Ordnung, weil die meisten ja auch nach der Stunde auf der Couch ganz aufgeregt wieder rauskommen. Sie ist sicher, daß die alle in den Herrn Professor verliebt sind. Schon wie die ihn umarmen, wenn sie ins Sprechzimmer eintreten. Die drücken ihn ja richtig an sich. *Manchmal hat der Professor ganz rote Wangen g'habt, wenn so ein hübsches Ding dag'wesen is.*

Das plietsche junge Dienstmädchen handelt auch schon mal eigenmächtig. Da Freuds Sitzungen nicht immer pünktlich zu Ende gehen und die Analyse-Patienten peinlichen Begegnungen im Wartezimmer ausweichen möchten, zieht Paula Fichtl sie einfach vorher in die Küche hinein. Da hat sie dann auch immer einen Happen zu essen. Sie merkt doch, wie nervös die Leute sind, bevor sie auf die Couch gehen. Irgendwann plaudert ein Amerikaner das aus. Er bedankt sich vergnügt bei Freud, daß im Honorar ja auch noch Halbpen-

... daß ich bei aller gerühmten Anspruchslosigkeit viel Opfer für meine Sammlung griechischer, römischer und ägyptischer Antiquitäten gebracht und eigentlich mehr Archäologie als Psychologie gelesen habe ...

AN STEFAN ZWEIG, 7. FEBRUAR 1931

sion enthalten sei. Als Freud Paula wegen dieser Verschwendung zur Rede stellt, verteidigt die Perle ihre Beruhigungsstrategie, und da geht Freud dann kopfschüttelnd ins Arbeitszimmer zurück. Damals hat er schon immer einen Chow-Chow an seiner Seite, erst Lin Yug, die *reizende chinesische Hündin* die er aus Dorothy Burlinghams Zucht bekommen hat. Vor allem aber wird Jofi Freuds unzertrennliche Partnerin, die auch während der Analyse-Stunden still am Fuß der Couch liegt.

Das Mittagessen wird noch immer Punkt 13 Uhr serviert für Martha, Minna, Anna und Freud. Und der läßt zum Ärger seiner Frau immer wieder größere Fleischbrocken für seine wollige Chinesin auf den Teppich fallen. Er selbst ißt nur wenig. Das Kauen schmerzt einfach zu sehr. Nur von Paulas Gemüsesuppen und ihrem selbstgemachten Eis bleibt nichts übrig. Nach dem Essen schläft Freud kurz und fest auf seiner Couch, um halb vier gibt es Kaffee, dann arbeitet er bis zum Abend.

Und jeden Samstag um halb acht ist Minna Bernays zur Stelle für die geliebte Partie Tarock, ein Ritual seit dreißig Jahren. Anna kommt auch dazu, und manchmal schauen ein paar alte Freunde vorbei, dann wird eine Flasche Rotwein aufgemacht. Abendliche Mußestunden gibt es auch. Dann sitzt die ganze Familie im Wohnzimmer, die drei Damen sticken, stricken, häkeln, und Freud liest einen Sherlock Holmes. *Der Herr Professor,* sagt Paula Fichtl, *hat immer gewußt, wer der Mörder ist, aber wenn's doch wer anders war, hat er sich geärgert.* Bevor die Herrschaften dann schlafen gehen, hat das Stubenmädchen die Betten aufgedeckt, drei Nachthemden zurechtgelegt und Freuds braun-weiß gestriften Pyjama so ausgebreitet, *daß er bequem hineinschlüpfen konnt'.* Und im Winter liegt an seinem Fußende immer eine heiße Wärmflasche.

Über seine Anna macht sich Freud nach wie vor Sorgen. *Was wird sie ohne Vater anfangen?* fragt er die Freundin Lou Andreas-Salomé. Vor allem irritiert ihn das Gefühlsleben der Tochter, die offenbar in Dorothy Burlingham eine innige Gefährtin gefunden hat. Freud nennt sie eine recht sympathische, aber *unglückliche Jungfrau*, deren Kinder von Anna analysiert werden. Ja, seine Tochter hat sich wirklich prächtig rausgemacht, schreibt er seiner liebsten Lou, *aber kein Sexualleben.*

Eine mit lockerem Sexualleben liegt Tag für Tag zwei Stunden auf seiner Couch. Es ist die Prinzessin Marie Bonaparte, die auf Schloß St. Cloud bei Paris residiert. Sie ist die Urgroßnichte Kaiser Napoleons, verheiratet mit dem Bruder König Konstantins I. von Griechenland, verwandt mit dem König von Dänemark, steinreich, hochintelligent, amüsant, charmant, begabt, in jungen Jahren offen für alle erotischen Abenteuer und Operationen für Körperkorrekturen, schwer enttäuscht von der mangelnden Liebeskunst ihres Gatten, einstige Geliebte des französischen Ministerpräsidenten Aristide Briand, freizügige Erzählerin auf der Couch ihres ersten Analytikers, mit dem sie ein Verhältnis anfängt. Und das alles löst dann mit den Jahren bei Marie Bonaparte eine *ziemlich ausgeprägte Zwangsneurose* aus.

Damit ist sie reif für Sigmund Freud. Sie möchte für zwei Monate nach Wien kommen, möchte täglich zwei Stunden auf seine Couch. Geht das? Hat der Meister die Zeit? Diplomatische Depeschen gehen hin und her. Die Sprache wird geklärt. Deutsch oder Englisch. Seinem Französisch traut er nicht mehr, nicht in der Analyse. Und es gibt keine königliche Bevorzugung. Patient ist Patient. Dann ist er bereit, diesen *Energieteufel*, wie er die Prinzessin bald liebevoll nennt, anzunehmen. Er findet, daß sie *ein ganz hervorragendes, mehr als nur zur Hälfte männliches Frauenzimmer ist*. Und weil das so ist, wird die Analyse ihre Frigidität, die sie selbst mit sexuellen Abenteuern zu kurieren versuchte, nicht heilen. Dafür aber gewinnt sie Freud, einen Freund und Briefeschreiber für alle Themen und alle Zeiten.

Einmal beschreibt er ihr eine wunderschöne Morgenfahrt in den Wiener Frühling. *Wie schade, daß man alt und krank werden mußte, um diese Entdeckung zu machen.* Und zitiert aus dem Gedächtnis eine Frühlingsstimmung von Ludwig Uhland:

> *Die Welt wird schöner mit jedem Tag.*
> *Man weiß nicht, was noch werden mag.*
> *Das Blühen will nicht enden.*
> *Es blüht das fernste, tiefste Tal.*
> *Nun, liebes Herz, vergiß der Qual,*
> *Nun muß sich alles, alles wenden.*

Doch wenn es in den Briefen um Religion geht, ist Freud noch immer der respektlose, fast vergnügte und vor allem witzige Atheist. Da hat sich nichts geändert. Schon vor fünfzig Jahren hatte er gespottet: *Für Gottes dunkle Wege hat noch niemand eine Laterne erfunden.* Unter dem Namen »Religion«, schreibt er nun seiner lieben Marie, werden ja *die verschiedenartigsten Getränke verzapft ... mit sehr wenig Prozent Alkohol, eigentlich schon alkoholfrei, aber sie berauschen sich noch immer daran. Die alten Zecher waren noch ein respektables Geschlecht, aber sich an Pomerit* – also Apfelwein – *einen Schwips zu holen, ist eigentlich lächerlich.* Ach, die Prinzessin liebt diese Briefe, und sie liebt ihren väterlichen Freund, besucht ihn in Wien, schenkt ihm kostbare antike Figuren für seine Sammlung, einfach so, weil es ihr Spaß macht, und Freud revanchiert sich mit einem seiner Gemmenringe, und sie überweist Gelder für den dahindümpelnden analytischen Verlag, ebnet in Frankreich Wege für die neue Wissenschaft, ist die lustvolle, spendable Wohltäterin, und eines Tages empfiehlt sie ihrem alten Freund einen jungen Arzt – Dr. Max Schur.

Also, da ist Freud nicht sehr beglückt. Er hat zwar seit dem Bruch mit Felix Deutsch – der ihm seinen Krebs verheimlicht hatte – keinen Hausarzt mehr, aber dieser Schur ist doch nun wirklich zu jung, ist noch keine 32, also 40 Jahre jünger als er. Doch die Prinzessin läßt nicht locker. Schur ist ein glänzender Mediziner, sagt sie, der ihr selbst so gut geholfen hat, ein Internist, der die Analyse in seine Behandlung einbezieht. Im übrigen hat er Freuds »Vorlesungen zur Einführung in die Psychoanalyse« gehört und vor drei Jahren eine Lehranalyse gemacht. Er soll ihn sich wenigstens einmal ansehen. Also gut, sagt Freud, er kann zu einem Gespräch vorbeikommen.

Schur beschreibt diese erste Begegnung in seiner Freud-Biographie. Er wird gleich *in das innere Heiligtum geführt*, ins Arbeitszimmer. Da sitzt er ihm nun am Schreibtisch gegenüber. Und zwischen ihren Blicken tanzen und meditieren die Götter Griechenlands und Indiens. *Es konnte mir zwar nicht entgehen, daß der Blick dieser ungemein ausdrucksvollen Augen mich durchforschten*, schreibt Schur, aber Freud nimmt auch gleich die Befangenheit, lobt ihn für die gute Behandlung der Prinzessin und erklärt, daß für ihn ein Patient-Arzt-Verhältnis *auf gegenseitigem Respekt und Vertrauen* beruhen muß. Bevor er ihm also von seinen Krankheiten und Beschwerden erzählen kann, müssen zwei Dinge geklärt werden. Er will immer die Wahrheit von ihm hören *und nichts als die Wahrheit.* Das verspricht Schur. Dann sieht Freud ihm fest ins Auge und sagt ohne eine Spur von Pathos, aber klar und entschieden: *Versprechen Sie mir auch noch, wenn es einmal so weit ist, werden Sie mich nicht un-*

nötig quälen lassen. Schur versteht. Er verspricht auch das. Und beide geben sich die Hand.

»Meine Prothese spricht nicht französisch« Das Unbehagen in der Kultur, Goethe-Preis und 75. Geburtstag

Freud reist mit Anna-Antigone nach Berlin zu Professor Hermann Schröder. Der soll die besten Prothesen machen, und Freud braucht dringend eine neue. Prothese Nummer 5 drückt so schrecklich, daß er Nummer 4 wieder eingesetzt hat. Doch die paßt nicht mehr richtig, macht die Zunge kaputt. Er mag schon gar nicht mehr reden und nicht mehr essen. Vielleicht kann ja der Berliner sein *Prothesenelend* reduzieren. Er muß es versuchen.

Freud wohnt mit Anna im Sanatorium Schloß Tegel. *Es ist wunderschön und ganz entfernt von aller Welt,* schreibt sie an Lou Andreas-Salomé nach Göttingen. Sie würde sie so gerne besuchen, *ich kann nur Papa nicht alleine lassen.* Und der möchte, daß seine Tochter ein bißchen ausspannt. Sie soll sich am Tegeler See ein Boot mieten, soll auch schwimmen, und Freuds Sohn Ernst lebt in Berlin, Ferenczi und Dorothy Burlingham kommen zu Besuch, und die gute alte Lou hat sich auch aufgemacht, überrascht Vater und Tochter in ihrem Schloß. Es können also heitere Stunden werden. Doch dann sitzen sie da zu dritt, haben sich so viel zu erzählen, und die beiden Frauen plaudern und plaudern, und Freud – verstummt. Er, der wunderbare Unterhalter und Geschichtenerzähler von einst, wird seiner lieben Lou in einem Brief erklären, *daß ich mit meinem geschädigten Gehör Ihr leises Sprechen nicht auffaßte und feststellen mußte, daß das Verständnis meiner restlichen Sprechfähigkeit auch Ihnen beschwerlich war.* Das verstimmt, *und man verstummt.*

Still wandern Freud und Anna-Antigone am Tegeler See zwischen Mundmessungen, Anproben und Änderungen. Dann endlich ist die neue Prothese fertig. Sie sitzt besser als alle zuvor. *Papa ist recht zufrieden und viel wohler,* schreibt Anna an Lou, und beide hätten vor Glück einen Rundflug über Berlin gemacht. Wieder in Wien schreibt Freud »Das Unbehagen in der Kultur« zu Ende. Schließlich muß man ja irgendwas tun, schreibt er seiner Lou. *Man kann nicht den ganzen Tag rauchen und Karten spielen.* Und das Laufen fällt ihm auch immer schwerer. Und lesen? Also das meiste interessiert ihn nicht mehr. So schreibt er denn an seinem bittersten Buch weiter und glaubt mehr als einmal, daß er mit seinem Text – Papier, Tinte, Druckerschwärze und die Zeit des Setzers vergeudet. Warum? Weil er den Menschen die Illusionen nimmt. Weil er zeigt, daß ihre Beziehungen eine ewige Quelle von Bitterkeit sind. Und weil sie sich, bevor sie verzweifeln, dem Lustprinzip ergeben, sich ablenken mit Ersatzbefriedigungen, mit Drogen, Alkohol und Religion. Wobei das Weltliche die größeren Chancen hat. So liest Freud es auch bei seinem menschenfeindlichen Lieblingshumoristen Wilhelm Busch in der »Frommen Helene«, die am Ende als dürre Büßerin trotz Kreuz und Bibel dann doch lieber der Flasche auf den Hals rückt:

Gefährlich ist des Freundes Nähe.
O Lene, Lene! wehe, wehe!

Doch der Rosenkranz fliegt, und die Flasche siegt, denn

Es ist ein Brauch von alters her:
Wer Sorgen hat, hat auch Likör.

Es ist eine Illusion, zu glauben, daß Kunst und Kultur gegen diese Realität ankommen. Denn die Rauschmittel, schreibt Freud, *beeinflussen unser Körperliches, ändern seinen Chemismus.* So findet denn die ewig wieder gestellte Frage nach dem Sinn des Lebens keine befriedigende Antwort. Der Mensch, schreibt Freud, strebt nach Glück, bekommt es aber nicht. Glück *ist im Plan der »Schöpfung« nicht enthalten.* Unglück ja. Unglück ist überall zu kriegen. Es kommt von drei Seiten auf uns zu: mit Angst, Schmerz und dem Verfall des Körpers, mit den zerstörerischen Kräften der Natur *und endlich aus den Beziehungen zu anderen Menschen.* Dennoch kämpft die arme Menschenseele gegen das Unglück an. Erfindet immer neue Heilmethoden, Brillen für Kurz- und Weitsichtige, Motoren, die stärker sind als er, Flugzeuge, Schiffe, Mikroskope, Grammophone, und *mit Hilfe des Telefons hört er aus Entfernungen, die selbst das Märchen als unerreichbar respektieren würde.*

Ja, der Mensch ist ein *Prothesengott* geworden, fleißig, sauber, ordentlich. Er liest die *Kulturhöhe eines Landes* an begradigten Flüssen ab, an wasserregulierenden Kanälen, an pünktlichen Verkehrsmitteln, an gezähmten Haustieren und an frischen Blumenbeeten, die völlig unnütz sind, aber hübsch. *Unsauberkeit jeder Art*, schreibt Freud, *scheint uns mit Kultur unvereinbar.* Sie ist ihr Gegenteil, ist *barbarisch.* Und wer auf der *Isola bella* die winzige Wasch-

schüssel sieht, in der Napoleon seine Morgentoilette erledigt hat, schüttelt sich. *Ja, wir sind nicht überrascht, wenn jemand den Gebrauch von Seife direkt als Kulturmesser aufstellt,* schreibt Freud zynisch und bitter. Und die Ordnung ist zu einer *Art Wiederholungszwang* geworden.

Nein, der Mensch ist nicht liebenswert, hilfreich und gut, sondern triebhaft und voller Aggression. Er mißbraucht andere sexuell, er bestiehlt sie, demütigt, martert und mordet sie. *Homo homini lupus,* der Mensch ist dem Menschen ein Wolf. Und Freud findet, daß ein Dichter wie Heinrich Heine es sich leisten darf, *schwer verpönte psychologische Wahrheiten* mit Witz als Wunschzettel zu formulieren: Er möchte *ein gutes Bett, gutes Essen, Milch und Butter, sehr frisch, vor dem Fenster Blumen, vor der Tür einige schöne Bäume, und wenn der liebe Gott mich ganz glücklich machen will, läßt er mich die Freude erleben, daß an diesen Bäumen etwa sechs bis sieben meiner Feinde aufgehängt* werden.

Der Aggressionstrieb, schreibt Freud, ist ein Abkömmling des Todestriebs, der sich mit dem Eros die Weltherrschaft teilt. Die Aufgabe der Kultur ist es, *den Kampf zwischen Eros und Tod, Lebenstrieb und Destruktionstrieb,* zu zeigen. Es ist ein Kampf der Giganten, der nicht mit Religion gewonnen werden kann, nicht mit dem *Eiapopeia vom Himmel* in den Kinderzimmern. Dazu sind die Menschen längst zu weit gegangen, sind längst in der Lage, *einander bis auf den letzten Mann auszurotten.*

So zeigt Freud wieder einmal keinen Ausweg ins Behagliche, keinen Weg in irdische Himmelreiche. Im Gegenteil. Er fährt *wie ein Nordwind scharf und schneidend* in die Menschen hinein, schreibt Stefan Zweig, und hat dabei *viele goldene Nebel und rosige Wolken des Gefühls zerblasen.* Für Zweig ist Freud der radikale Aufklärer, der *bis ins letzte Nihil und Nichts jenseits der Illusionen* vorgedrungen ist und damit *einer ganzen Generation das Weltbild vertieft hat.* Vertieft, nicht verschönert. *Denn das Radikale beglückt niemals, es bringt nur Entscheidungen.*

Ein paar Tage bevor Freud das Manuskript an die Druckerei abschickt, bricht am »Schwarzen Dienstag«, jenem 29. Oktober 1929, die New Yorker Börse völlig zusammen. Am Donnerstag darauf beginnt Freud ein Tagebuch im Telegrammstil zu schreiben, das er »Die kürzeste Chronik« nennt. Und so, wie sich mit dem Börsenkrach an der Wall Street die große Depression über Europa legt, so dämmern bei Freud Enttäuschung, Schmerz und Unbehagen auf: *im Nobelpreis übergangen,* heißt die erste Eintragung. Ja, das kränkt ihn. Seit Jahren wird er immer wieder von Freunden wie Stefan Zweig vorgeschlagen. Aber für was? Für Medizin? Das haben die Mediziner schon ein paar-

Die Schicksalsfrage der Menschenart scheint mir zu sein, ob und in welchem Maße es ihrer Kulturentwicklung gelingen wird, der Störung des Zusammenlebens durch den menschlichen Aggressions- und Selbstvernichtungstrieb Herr zu werden.

DAS UNBEHAGEN IN DER KULTUR, 1930

mal verhindert. Für Literatur? Es gibt doch genug Schriftsteller, die ihn verdienen, warum also einen Psychoanalytiker – wenn auch mit glänzendem Stil – noch mit ins volle Boot nehmen? Dabei wäre der Preis endlich die internationale Anerkennung der neuen Wissenschaft.

Nächste Eintragungen: mit *Fingereiterung bei Schnitzler – antisemit. Unruhen – Neuralgie – Herz-Darm-Anfall – Schlechte Herztage – Nächtlicher Herzanfall – Tabakabstinenz.* Und die neue Prothese läßt auch schon wieder nach. Drückt und schmerzt. Als Yvette Guilbert, die große Chansonette aus Paris, die Freud seit vielen Jahren kennt, in Wien auftritt, besucht er sie in ihrem Hotel. Und da ihm das Reden so schwerfällt, läßt er sie erzählen, sagt in seiner lakonischen Art: *Meine Prothese spricht nicht französisch.*

Ende Juli 1930 erhält Freud aus Frankfurt die Nachricht, daß er den Goethe-Preis erhalten wird. Die Begründung gipfelt in der Aussage, daß der Geehrte auf geradezu *mephistophelische* Weise alle Schleier zerrissen hat und wie Goethes Faust mit *Unersättlichkeit und Ehrfurcht* die im Unbewußten schlummernden Gewalten erforscht hat. Vorgeschlagen hat ihn der Autor und Essayist Alfons Paquet. Die Geistlichen im Preiskomitee zetern bei der Wahl dieses leibhaftigen Antichristen, der dabei ist, des Menschen göttliche Seele zu sezieren. Doch Alfred Döblin – von dem gerade »Berlin Alexanderplatz« erschienen ist – unterstützt Paquet vehement. Und er, der damals die deutsche Dichterakademie vertritt, weiß, für wen er streitet, er selbst ist ja ein analytisch geschulter Psychiater. Und er hatte in seiner Rede zu Freuds 70. Geburtstag, so wunderschön über die Seele gesprochen: *Die menschliche Seele war schon vor Jahrhunderten, da sie von den Psychologen und den Ärzten verstoßen war, auf eine große Wanderschaft gegangen. Sie war zu den Dichtern geflohen und auch zu den Pfarrern. Die waren recht lieblich mit ihr umgegangen. Der Pfarrer hatte sie an das Gebetbuch geführt. Der Dichter reichte ihr den Arm und ging mit ihr im Grünen spazieren.* Freud ließ sie in sein Sprechzimmer eintreten, machte die Tür hinter ihr zu und sagte: »Legen Sie ab, gnädige Frau. Ja, bitte: ziehen Sie sich aus.« Ich möchte bemerken, daß die Seele bis zum heutigen Tag über diesen Anruf erschrocken an der Tür stehengeblieben ist und noch nicht mehr als den Hut abgelegt hat.

Freud fühlt sich durch die Auszeichnung sehr geehrt und in der Umgebung der ersten drei Preisträger – von Stefan George, Albert Schweitzer und dem Kulturphilosophen Leopold Ziegler – auch durchaus wohl. Und 10 000 Reichsmark sind eine willkommene Aufstockung seiner Einkünfte. 1 000 wird er Lou Andreas-Salomé schicken, der es finanziell nicht gut geht. Doch zur Feierstunde nach Frankfurt kann er nicht kommen, *ich bin zu gebrechlich für diese Unternehmung,* schreibt er an Paquet. Er wird seine Tochter Anna schicken. Sie *ist gewiß angenehmer anzusehen und anzuhören als ich.*

Dann schreibt Freud die Dankesrede, die Anna vorlesen soll, schreibt: *Ich denke, Goethe hätte nicht, wie so viele unserer Zeitgenossen, die Psychoanalyse unerfreulichen Sinnes abgelehnt. Er war ihr selbst in manchen Stücken nahegekommen, hatte in eigener Einsicht vieles erkannt, was wir seither bestätigen konnten, und manche Auffassungen, die uns Kritik und Spott eingetragen haben, werden von ihm wie selbstverständlich vertreten.* Das erst einmal an die Adresse seiner Verächter. Goethe, schreibt Freud weiter, hat den Eros immer hochgehalten, hat sich in den späten Jahren noch in eine junge Frau verliebt und sehr klar gesehen, was das für ihn heißt: *Ach, du warst in abgelegten Zeiten meine Schwester oder meine Frau.*

Er ist dem Analytischen so nah gewesen, ist ein Traumdichter, ein Traumdeuter, einer, der Fragen stellt wie ein Analytiker. Und einmal schreibt Goethe an Frau von Stein, daß ihm bei Frau Herder ein geradezu *psychologisches Kunststück* gelungen sei. Sie hatte sich nämlich über ihren Aufenthalt in Karlsbad nur geärgert, hat nur über ihre Hausgenossin geschimpft und überhaupt über alles. Und da hat er ihr klipp und klar gesagt, *daß diese Dinge nun abgethan und in die Tiefe des Meeres geworfen seyen.* Und Frau Herder hat gelacht und war kuriert.

So beschreibt Freud in seiner Rede Goethe als einen von analytischem Geist bestrahlten Genius. Doch von ihm selbst, sagt Freud, wissen wir am Ende weniger, als wir möchten. Der große Bekenner ist nämlich auch *ein sorgsamer Verhüller* gewesen. Wie Mephisto schon sagte: *Das Beste, was du wissen kannst,/Darfst du den Buben doch nicht sagen.* Da ist Goethe dann endlich ganz bei Freud angelangt, auch einem Verhüller in eigener Sache.

Daß Freud nach Frankfurt geschrieben hatte, er sei *zu gebrechlich,* um den Preis entgegennehmen zu können, löst Spekulationen aus. In vielen Zeitungsartikeln heißt es, man bedaure, daß Freud im Sterben liegt. Im Sterben? Nichts liegt ihm ferner. Aber wissen das potentielle Patienten? Und wollen die sich von einem Moribunden in die Seele sehen lassen? Freud ist ziemlich verärgert über die Journaille, die offenbar von alten Feinden angestachelt worden ist.

Dabei geht es ihm ja tatsächlich nicht sehr gut. Acht Jahre nach der ersten schweren Operation ist ein neuer schmerzhafter Eingriff notwendig. Er fühlt sich danach *kraftlos, kampfunfähig und sprachgehemmt*, wird auch erst einen Tag vor seinem 75. Geburtstag aus dem Krankenhaus entlassen. Und am 6. Mai 1931 öffnen Post und Blumenläden ihre Schleusen. Alles *brach wie eine Flut* über ihn herein, schreibt er seiner lieben Lou. Briefe und Telegramme aus ganz Europa und Amerika. *Jubelworte für den unerschrockenen Forscher*, der die *versunkenen Regionen des Ichs* entdeckt hat. Der Herzl-Klub grüßt *den großen Sohn unseres Volkes*. Im fernen New York wird Freud zu Ehren im Ritz-Carlton gefeiert. Und Albert Einstein schreibt, daß er jeden Dienstag mit einer befreundeten Dame Texte von Freud liest, und er bewundert immer wieder *die Schönheit und Klarheit* seines Stils. Außer Schopenhauer, schreibt Einstein, kennt er niemanden, der so *schreiben kann und konnte*.

Freud nimmt das alles gelassen hin. Er ist eben kein Romantiker und schon gar kein Sentimentaler. Als die Wiener Ärzte-Vereinigung ihn zum Ehrenmitglied ernennen will, schreibt er an Eitingon, das sei eine *feige Verbeugung vor dem Anschein des Erfolgs, sehr ekelhaft und zuwider*. Nein, er wird sie nicht vergessen, die Zeit, als die Herren ihn vorsätzlich behinderten, als sie ihm jahrelang den Professorentitel verweigerten. Er wird einen kühlen Dank schicken. Und damit wird die Sache dann hoffentlich erledigt sein.

»Sie halten es nicht für der Mühe wert, mich zu lieben«
Hilda Doolittle und die Tücken der Analyse-Technik

Hilda Doolittle, die amerikanische Dichterin mit den lebhaften blauen Augen, liegt bei Freud auf der Couch. Sie ist viel zu groß für das Möbel, ihre Beine hängen über dem Rand in Richtung Kachelofen, *der eine wohltuend spürbare Glut ausstrahlt* – H. D. und die Füße im Feuer. Sie schreibt nur unter ihren Initialen, ist 46 Jahre und wird rund hundert Stunden auf der Couch liegen, wird hundertmal die sorgfältig zusammengelegte Wolldecke vom Fußende

Wie in den Armen einer Frau sitzt Freud in seinem Ledersessel am Schreibtisch.
Freud Museum London

über sich ausbreiten, glattstreichen und sie beim Weggehen wieder zusammenfalten. Und wenn sie auf ihre Armbanduhr schaut, sagt Freud am Kopfende etwas unwirsch: *Ich behalte die Zeit im Auge – ich sage es Ihnen, wenn die Sitzung vorbei ist. Sie brauchen nicht immerzu nach der Zeit zu sehen, als hätten Sie es eilig wegzukommen.*

So erzählt sie denn weiter. Und sie hat viel zu erzählen. Vom dominanten Vater, dem Patriarchen, Professor für Astronomie, der die junge Hilda zur Mathematikerin machen will. Aber sie ist störrisch, studiert Kunst, identifiziert sich mit den Präraffaeliten, durch deren Bilder süße Opiumdüfte wehen und die von sich sagen: *Wir sind aus König Arthus' Tafelrunde / Und gehen um wie totgeglaubte Helden* ... Erzählt vom Dichter Ezra Pound, ihrem Studienfreund, dem jungen Wilden, den die Kritiker einmal *Narrenhäusler* nennen werden. Als der um Hildas Hand anhält, fährt ihr Vater – machtvoll wie Zeus – dazwischen, sagt dem Antragsteller: *Was? Sie sind doch bloß ein Nomade.* Und damit ist die Liaison beendet.

Sie erzählt von ihrer Sommerreise nach Europa, von der sie nicht nach Amerika zurückgekehrt ist. Da ist sie 25. Lebt von da an in London im Kreis um James Joyce und D. H. Lawrence. Pound ist auch da. Und ihr Name wächst, sie wird berühmt, heiratet 1913 den acht Jahre jüngeren Richard Aldington, der nach dem Ersten Weltkrieg »The Death of a Hero« schreiben wird, ein Buch wie »Im Westen nichts Neues«. Erzählt von ihrer Fehlgeburt, von der zerbröckelnden Ehe, vom Tod des Bruders im Krieg, vom Tod des Vaters, von einer neuen Schwangerschaft und der Spanischen Grippe, die sie gleichzeitig befällt. Der Arzt sagt: Sie oder das Kind werden sterben. Beide überleben. Und sie erzählt von Halluzinationen, kleinen Nervenzusammenbrüchen, Schreibblockaden und panischer Angst vor einem neuen Krieg. Es ist 1933.

H. D. erzählt auch ihre Träume: Sie versucht, in ihre Londoner Wohnung zu gelangen. Doch zwei grobe Kerle versperren ihr den Weg und bedrohen sie. *Ich konnte dem Professor nicht erzählen, daß ich dieses Entsetzen bei mir selbst mit Nachrichten von frischen Nazigreueln assoziierte,* schreibt sie ins Tagebuch. Manchmal sprechen Freud und sie auch ein bißchen über Gespenster, über Kobolde und Zwerge mit chinesischen Gesichtern. Und immer wieder sind da H. D.s Eisenbahnträume. Einmal kommt ein Beamter in Uniform ins Abteil. Er findet ihre Cognacflasche und eine zweite unterm Sitz und eine dritte, vierte, alle versteckt. Er sammelt sie ein, legt sie in einen Koffer und befiehlt ihr, ihm zu folgen. H. D. fragt sich, ob der Beamte Freud sein könnte.

Sie erzählt auch von einem jüngeren Verehrer, der ihr vor gar nicht langer Zeit den Hof gemacht hat. *Ist das erst zwei Jahre her?* fragt Freud, als wollte er sagen, daß das in ihrem Alter ja wohl etwas unpassend sei. Dann aber ist Freud überrascht, daß sie ihr erstes Liebesabenteuer erst mit 19 hatte. Das war Ezra Pound. *Mit 19 – nicht früher?* Nein. Aber lange Spaziergänge haben sie gemacht, sind in den Frühling hineingelaufen, haben Leberblümchen gepflückt und Anemonen. Und dann fällt ihr wieder ein Traum ein. Sie probiert ein grünes Abendkleid an, steht vor dem Spiegel, sieht sich an und entdeckt, daß sie griechische Sandalen trägt. Wie die Antiken auf dem Schreibtisch? Wie Athene? Freud sagt: *Sie erzählen so schön.* Dann greift er zur kleinen Klingel und läutet, um Paula, dem Stubenmädchen, anzukündigen, daß Mrs. Doolittle gehen möchte. Und *sein Ellbogen vollführte jene Vogelflügelgeste, die mich entläßt.*

Eines Tages passiert etwas Außerordentliches. H. D. weiß nicht mehr, ob es irgendeine Bemerkung von ihr war, die zu jenem ungeheuren Ausbruch führte. Jedenfalls schießt sie vom Sofa hoch, sitzt *vorschriftswidrig kerzengerade da, die Füße auf dem Boden*. Und Freud schlägt zu. Schlägt mit der flachen Hand auf das *Kopfende des altmodischen Pferdehaar-Sofas, das mehr Geheimnisse gehört hat als je der Beichtstuhl eines volkstümlichen römisch-katholischen Beichtvaters auf dem Gipfel des Erfolgs*. Freud schlägt auf das Sofa ein und sagt: *Das Schlimme ist – ich bin ein alter Mann –, Sie halten es nicht für der Mühe wert, mich zu lieben.*

Ein verheerender Satz. Was soll sie da sagen? Erwartet er etwa eine Antwort? Oder ist das Ganze, so fragt sie sich, nur ein Trick, um sie zu schockieren? Um das analytische Material zu lockern und zu beschleunigen? Um ihren Widerstand zu brechen? Vielleicht hat es aber auch mit ihrem Vater zu tun, diesem Übermenschen, der sie nicht freigeben wollte für einen anderen. Und sie hat ihn dann bestraft, hat ihm ihre Liebe entzogen, ist in Europa geblieben. Entzieht sie sich auch ihrem Analytiker? Sie hat seinen Chow-Chow gestreichelt, obwohl Freud ihr gesagt hatte: Nicht streicheln! Er beißt Fremde! Da hatte sie lachen müssen. Eine Fremde? Sie? Und hat mit Freuds Lieblingstier herumgeschmust. Und Freud stand da. War raus aus dem Spiel.

Aber sie fragt sich auch, warum sie überhaupt hier in Wien ist. Weil ihre Mutter in den Flitterwochen hier war? Weil die das Wiener Brot so herrlich fand und die verschiedenen Semmeln, *die mit Mohn und, ach – den Kaffee?* Freud hatte gleich am Anfang zu ihr gesagt, sie sei nach Wien gekommen, um ihre Mutter zu finden. Und nun sitzt sie steif vor Schreck auf dem berühmtesten Sofa der Welt, und der Erfinder der Psychoanalyse, ein alter Mann, der sonst so distanziert ist, benimmt sich *wie ein Kind, das mit dem Breilöffel auf den Tisch hämmert*.

Und dann ist Ruhe. Als sei nichts geschehen. H. D. holt die Decke vom Boden hoch, legt sich wieder hin, deckt sich zu, streicht die Falten glatt, guckt auf die Uhr, nein, dieses Mal sagt der Professor nichts, und wenn er erwartete, *ich ließe mich nun zu einer Beteuerung meiner Zuneigung hinreißen, so hatte er sich für diesmal getäuscht.*

Was hatte Freud seinen Kollegen immer und immer wieder gepredigt? Kühle und Distanz und keine Emotionen vom Analytiker. Aber dogmatische Regeln für den Beginn und den Verlauf der Sitzung hat er nicht aufgestellt. Da soll jeder frei sein. Es ist wie beim Schachspielen, sagt Freud, da gibt es auch unendlich viele Eröffnungen. Klar ist, daß der Patient liegt. Er soll sich ja entspannen. Klar ist, daß er wissen muß, daß es keine Tabus gibt. Der Feind jeder Analyse ist Heuchelei, Schamhaftigkeit und Prüderie. Klar ist auch, daß der Analytiker während der Sitzung nichts mitschreiben soll. Wenn er Notizen macht, geht die Aufmerksamkeit verloren. Also dem Gedächtnis trauen und später schreiben. Und natürlich kann er seinen Patienten nicht alles glauben, sie erzählen schließlich keine Tatsachenberichte, sondern oft auch Märchen. Und wenn einer von der Couch abspringt und desertiert, muß der Analytiker auch das akzeptieren – ruhig, gelassen, emotionslos. Freud hat solche Flucht nicht nur im Fall »Dora« erlebt.

Und nun? Verletzt Freud seine eigene Grundregel. Er läßt seine Gefühle überlaufen, nicht nur verbal, nein, er verprügelt auch seine Couch. Wie sehr hatte er noch vor gut einem Jahr seinen phantasievollen Weggefährten Ferenczi für dessen Seitensprünge in Sachen analytischer Technik gemaßregelt. Ferenczi wollte nicht einsehen, daß ein Analytiker, der ja nun mal Gefühle hat, sie dem Opfer auf der Couch als Neutralität verkaufen soll. Das war für ihn Heuchelei. Das hatte er Freud immer gesagt, also nie verheimlicht. Hatte ihm auch mitgeteilt, daß seine Patienten diese künstlich produzierte Haltung ihnen gegenüber als etwas Unangenehmes durchschauten. Und die meisten seiner Analysanden hatten schwere seelische Schäden, hatten ganz offenbar als Kinder zuwenig Liebe bekommen, waren voll unerfüllter Wünsche. Warum sollte er sie da nicht mal umarmen? Oder mal eine Puppe schenken zum Trost? Oder einen Platz auf seinem Schoß zum Ausweinen bieten? Und warum nicht auch mal einen Kuß, wenn er der Heilung dient?

Für Freud ist das der Bruch mit der klassischen Technik. *Sie haben kein Geheimnis daraus gemacht,* schreibt er ihm, *daß Sie Ihre Patienten küssen und sich von ihnen küssen lassen.* Und er, Freud, sei gewiß nicht derjenige, der aus Prüderie oder Rücksicht auf die bürgerliche Konvention *so kleine erotische Befriedigungen ächten würde.* Aber Ferenczi soll sich bitte einmal ausmalen, wie so etwas in der Öffentlichkeit aufgenommen würde! Vor allem bei den Kollegen. Es gibt doch immer Revolutionäre, die noch revolutionärer sein wollen. Und die werden fragen: *Warum beim Kuß stehenbleiben?* Warum nicht auch *abtatscheln?* Davon kriegt man ja noch keine Kinder. *Und dann werden Kühnere kommen,* schreibt Freud weiter, und die werden *zum Beschauen und Zeigen* übergehen. Und bald werden aus den Sitzungen herrliche *petting-parties,* und unsere Wissenschaft wird einen tollen Zulauf bekommen.

Wenn *Godfather Ferenczi* sich nun solchen Tanz ums Eros-Kalb vorstellt, wird er wohl nachdenklich werden und sagen: V*ielleicht hätte ich mit meiner Technik der Mutterzärtlichkeit doch vor dem Kusse haltmachen sollen.* Das sind natürlich alles Freuds Phantasien, nicht die von Ferenczi. Freud weiß wohl, daß Ferenczi nie weiter gehen würde und daß er ein erfolgreicher und beliebter Analytiker ist, er fürchtet aber, daß sich dessen unorthodoxe Methode herumsprechen wird und andere zum Mißbrauch animieren könnte.

Doch all diese Probleme weichen bald vor schlimmeren zurück. Freud notiert sie knapp und lapidar in seiner Chronik: *Hitler Reichskanzler – Parlament Berlin in Brand – Verbrennung in Berlin.* Das nun geht Freud sehr persönlich an, denn da stehen sie am 10. Mai 1933 bei Dunkelheit auf dem Opernplatz, Studenten der Universität, stehen mit lustverzerrten Gesichtern im flackernden Schein des Feuers, die Denkmäler der Brüder Humboldt im Rücken, und werfen den deutschen Geist in die Flammen: Heinrich Heine und Karl Marx, Heinrich Mann und Erich Kästner, Theodor Wolff und Erich Maria Remarque, Alfred Kerr und Franz Kafka, Kurt Tucholsky und Carl von Ossietzky. Der vierte von den neun barbarischen Rufern in der Nacht brüllt zu vaterländischen Marschliedern von SA- und SS-Kapellen: *Gegen seelenzerfasernde Überschätzung des Trieblebens, für den Adel der menschlichen Seele! Ich übergebe der Flamme die Schriften des Sigmund Freud.*

Es sind *tolle Zeiten,* schreibt Freud nach dem Autodafé bitter an Lou Andreas-Salomé. Seine Kinder und viele seiner Freunde werden nun in alle Welt verstreut. Sohn Oliver emigriert mit Familie nach Frankreich, Sohn Ernst nach England wie Stefan Zweig, Hanns Sachs geht nach Boston, Arnold Zweig flieht nach Palästina. *Lieber Vater Freud,* schreibt der dreizig Jahre Jüngere am 15. Dezember 1933 an Bord der »Marietta Pascha«, *meine letzten Zeilen in Europa gelten Ihnen ...* Auch Max Eitingon geht. Er war wohl der einzige unter Freuds jüdischen Kollegen, der vermögend war. Und er war Freud ergeben, unterstützte den psychoanalytischen Verlag, wann immer sein Mentor es wünschte. Nun emigriert auch er nach Palästina. Und Freud? Er wird sich nicht von der Stelle rühren, schreibt er an Hilda Doolittle, die wieder in London lebt und ihre Schreibblockade dank Freud überwunden hat. Er wird in Wien bleiben. Denn alle, mit denen er spricht, sagen, daß es in Österreich wohl nur einen *gemäßigten Faschismus* geben wird, *was immer das sein mag.* Fliehen will er nur bei Lebensgefahr. Aber sein Hausarzt Dr. Schur, schreibt Freud an Arnold Zweig nach Haifa, i*st so tief empört über die Vorgänge in Deutschland, daß er keine deutschen Medikamente mehr verschreibt.*

»Die Kehle wird uns immer enger zugeschnürt« Thomas Manns Laudatio und Freuds Identifikation mit Moses

Thomas Mann hat sich für Sonntag, den 14. Juli 1936, in Freuds Sommerhaus in Grinzing angesagt. Er möchte Freud, fünf Wochen nach dessen 80. Geburtstag, mit einer Privatlesung seines Vortrags über den Erfinder der Psychoanalyse gratulieren. Zusammen mit Stefan Zweig hatte Thomas Mann schon die Dankadresse für den Jubilar verfaßt, die von 191 Schriftstellern und Künstlern unterzeichnet worden war, von Romain Rolland, Jules Romains, H. G. Wells, Virginia Woolf und und und.

Albert Einstein hatte in *hoher Verehrung* aus Princeton gratuliert, Albert Schweitzer aus Lambarene, und Hilda Doolittle hatte Freud von London aus mit weißen Gardenien beglückt. *Liebe H. D.,* schreibt Freud ihr, *was Sie mir gaben, war nicht Lob, sondern Zuneigung, und ich brauche mich meiner Genugtuung nicht zu schämen. Das Leben in meinem Alter ist nicht leicht, aber der Frühling ist schön und ebenso die Liebe.* Dann war ein Brief von Arnold Zweig gekommen, und Freud ist sehr beunruhigt *durch die Drohung,* daß er eine Biographie über ihn schreiben will. Nein, bitte das nicht, *lieber Meister Arnold!* Er hat doch wohl Wichtigeres zu tun. W*er Biograph wird, verpflichtet sich zur Lüge, zur Verheimlichung, Heuchelei, Schönfärberei und selbst zur Verhehlung seines Unverständnisses, denn die biographische Wahrheit ist nicht zu haben, und wenn man sie hätte, wäre sie nicht zu brauchen.*

Und nun ist Thomas Mann im Anmarsch. Der war um halb neun im Wiener »Imperial« aufgestanden, hatte sich mit Verleger Bermann getroffen, mit ihm und Carl Zuckmayer zu Mittag gegessen, anschließend war er auf der Chaiselongue eingenickt, und nun fuhr Bermann ihn und Katia Mann bei herrlichem Wetter nach Grinzing raus zu Freud. *Wiederbegrüßung mit dem*

Auf dem langen Weg über die Piazza della Rotonda zu Moses
Säulen des Pantheon, Rom

*Wenn Moses ein Ägypter war... So stellt Freud sich seine schwere Rätselfrage.
Der Moses des Michelangelo, San Pietro in Vincoli, Rom*

Alten, notiert Mann im Tagebuch. *Thee und Eis auf der Terrasse*. Und Paula Fichtl, die serviert, registriert genau, daß Thomas Mann *ganz blank gewienerte Schuhe* trägt und eine saubere Bügelfalte in der Hose hat, anders als Freud mit seinen ewig ausgebeulten Knien vom vielen Sitzen am Schreibtisch. Da kann Paula gar nicht gegen andämpfen. Dafür aber raucht *der Herr Thomas Mann* keine Havannas wie ihr Herr Professor. Außerdem verschmäht er Paulas Kuchen. Und als sie ihm Zucker für den Kaffee reicht, sagt er nur kurz *nein danke* und guckt sie dabei nicht einmal an.

Nach dem Tee und einer gemütlichen Plauderei über Hunde und Zigarren steigen alle hoch in Freuds Arbeitszimmer: Katia Mann, Martha und Anna Freud, Minna Bernays, Max Schur und Dorothy Burlingham. Sie setzen sich auf die bereitgestellten Stühle und hören den Vortrag, den Thomas Mann bereits ein paarmal – außer in Deutschland – gehalten hat. Aber dieses hier ist kein Vortrag. Der Nobelpreisträger liest langsam und akzentuiert mit Wärme, Bewegung und Bewunderung die literarisch umhüllte Erkenntnis des großen alten Mannes: *Was man fälschlich Freuds »Pansexualismus« genannt hat, seine Libidolehre, ist, kurz gesagt, der Mystik entkleidete, Naturwissenschaft gewordene Romantik. Sie ist es, die ihn zum Psychologen der Tiefe, zum Erforscher des Unbewußten macht und ihn durch die Krankheit das Leben erkennen läßt*. So gibt es denn auf dem Weg durch die Analyse *kein Halt und kein Zurück, keine Wiederherstellung des »Guten-Alten«*. Das Ziel, das sie zeigt, ist *eine neue, verdiente, durch Bewußtheit gesicherte, auf Freiheit und Wahrhaftigkeit beruhende Lebensordnung*. Tief bewegt hört das kleine Auditorium zu. Und anschließend sprechen zwei Meister miteinander über die Joseph-Tetralogie, an der Thomas Mann gerade schreibt, und über Moses, an dem Freud arbeitet.

Vierzehn Tage später erhält der Jubilar die wertvollste Auszeichnung seines Lebens: Er wird Mitglied der Royal Society, des exklusiven britischen Clubs, in dem der Erforscher der Seele nun für eine Ewigkeit neben Sir Isaac Newton, dem Erforscher des Lichts, und Charles Darwin, dem Erforscher der Arten, stehen wird. Ja, das war ein großes Glück. Und es war ein schöner Frühling in Grinzing. Freud ruhte unter Bäumen im Liegestuhl, in Wolldecken gewickelt, und seine drei Chow-Chows dösten um ihn herum.

Und dann, im Juli 1936, ist er wieder da, der Krebs. Nach 13 bitteren Jahren. Max Schur hält sein Versprechen, und Freud nimmt die Wahrheit stoisch entgegen. Zwei Operationen innerhalb von vier Tagen sind nötig. Die erste schmerzhaft, die zweite schlimmer. *Klage über sehr große Schmerzen*, notiert Professor Pichler in seiner Krankenakte. *Bei uns war keine gute Woche*, schreibt

Anna Freud an Ernest Jones. *Die zweite Operation war sehr arg und die Nachwirkung ganz anders als sonst.* Freud bekommt einen Augenverband, weil er Doppelbilder sieht, muß ihn tragen, bis die Nebenwirkung behoben ist. All das erschöpft und verbittert ihn. *Mit der Armseligkeit und Hilflosigkeit des Altseins* kann Freud sich nicht anfreunden, er sieht dem *Übergang ins Nichtsein mit einer Art von Sehnsucht entgegen.*

In dieser Stimmung arbeitet er weiter an seinem Buch »Der Mann Moses und die monotheistische Religion«, fragt weiter, *wie der Jude geworden ist und warum er sich diesen unsterblichen Haß zugezogen hat. Ich hatte bald die Formel heraus,* schreibt er an Arnold Zweig, *Moses hat den Juden erschaffen.* Und so entwickelt Freud die These, daß Moses kein Jude, sondern ein Ägypter war. Und das ist auch gar nicht neu, denn *der Name stammt aus dem ägyptischen Sprachschatz.* Zum Juden, sagt Freud, hat ihn erst die Sage gemacht. Möglich also, daß Moses von vornehmen Eltern stammt und in einem Weidenkorb im Schilf ausgesetzt wurde.

Doch warum hat sich dieser feine, intelligente Bursche, der von Königskindern gefunden und bei Hofe erzogen worden war, entschlossen, einen ziemlich ungehobelten Haufen ins Gelobte Land zu führen? Weil Moses ein Anhänger des Pharaos Echnaton war. Der hatte sein Land von all den großen und kleinen Göttern gereinigt, vom Staatsgott Amun, von der schönen Hathor, der ägyptischen Aphrodite, von Anubis, dem Totengott. Unter Echnaton und seiner Frau Nofretete wird also in Ägypten die monotheistische Religion eingeführt: Aton, die Sonnenscheibe, ist von nun an der Urheber aller Gaben, die das Leben ermöglichen. Aton sendet seine Strahlen – die in Händen enden – auf die Erde, wo sie den Pharao berühren. Er ist der Mittler zwischen Sonne und Mensch, und das gefällt Moses.

Als Echnaton stirbt, werden die alten Götter wieder hervorgezerrt, und Moses muß sich entscheiden: Emigration oder Opportunismus. Er emigriert. Aber nicht still und heimlich, sondern mit einem gewaltigen Trompetenstoß. Er, der Organisator, der Generalissimus, sucht sich ein Volk, mit dem er fliehen kann, wählt die unterdrückten Juden, befreit sie aus der Gefangenschaft der Ägypter, will die monotheistische Religion beibehalten für sein Volk, das er, Moses, erwählt hat und nicht Gott.

Doch nach jahrelangem Herumirren rebellieren aufständische Israeliten gegen den selbsternannten Religionsstifter und bringen ihn um. Dann regt sich das schlechte Gewissen. Wie kann der Mord an Moses, der bald einem Menetekel gleich über den Juden schwebt, gesühnt werden? Durch einen Messias? Einen Erlöser, der da kommen wird und die Sünden der Welt vergibt?

... habe immer versucht, dem verächtlich-zürnenden Blick des Heros standzuhalten, und manchmal habe ich mich dann behutsam aus dem Halbdunkel des Innenraumes geschlichen, als gehörte ich selbst zu dem Gesindel ..., das keine Überzeugung festhalten kann ... und jubelt, wenn es die Illusion des Götzenbildes wieder bekommen hat.

DER MOSES DES MICHELANGELO, 1914

So entsteht das Christentum – mit Entsagung und Triebverzicht, mit Askese und den Zehn Geboten. *Es ist eine ansprechende Vermutung, daß die Reue um den Mord an Moses den Antrieb zur Wunschphantasie vom Messias gab, der wiederkommen und seinem Volk die Erlösung und die versprochene Weltherrschaft bringen sollte. Wenn Moses dieser erste Messias war, dann ist Christus sein Ersatzmann ...*

Die Moses-Religion ist nicht untergegangen. Und die Juden haben ihre Sonderstellung behalten. Sind keine Christen geworden. Sind zu sehr von Moses geprägt, der sie geführt hat, der sie stark gemacht hat und zäh, der ihnen Selbstvertrauen gegeben hat und Geschichtsbewußtsein. Welch ein Abenteuer, dieser Zug durch die Wüste! Welch ein Erlebnis zwischen Sand und Sonne und Mond und Sternen auf der Suche nach dem Gelobten Land, Tage, Wochen, Monate, Jahre. Warum haben die Juden so lange Nasen? Weil sie von Moses vierzig Jahre in der Wüste herumgeführt wurden! Ja, sie haben auch über sich lachen können. Haben Zeit gehabt, zu lieben und zu leben, zu reden und zu rechnen, haben Geschichten erzählt, ihren Verstand geschult und den Geist poliert. Waren frei und zusammengeschweißt, wurden aufgenommen und wiederausgespien, wurden verstreut und zum *Ewigen Juden* degradiert – sind Auserwählte. Und damit sind sie die idealen Sündenböcke. Der Antisemitismus blüht seither.

Die Geschichte von Moses ist natürlich auch die Geschichte von Freud. Freud identifiziert sich mit Moses. Und wie der im brennenden Dornbusch Gott schaut und den Auftrag erhält, das hebräische Volk aus den Klauen des Pharao zu befreien und ein Gründervater zu werden, so erfüllt Freud seinen sich selbst gestellten Auftrag, geplagte Seelen aus den Klauen ihrer Krankheit zu befreien und Gründervater der Psychoanalyse zu werden. Es ist wie bei den Plagen, die Ägypten heimsuchen: Hagel und Heuschrecken, Pest und Geschwüre fallen über das Land her wie Phobien und Paniken, Zwänge und Neurosen über den Menschen. Und wie quälend ist der Zwiespalt zwischen Ideal und Wirklichkeit. Moses wird von den Tänzern ums Goldene Kalb verhöhnt wie Freud von mißgünstigen Ärzten. Doch beide sind Berufene, sind unabhängig und stark bis zum Starrsinn, machen keine Konzessionen und keine Kompromisse, eher zerschmettert der eine die Gesetzestafeln und trennt sich der andere rigoros von Abweichlern. Ihre Forderung heißt: Alles oder nichts.

Freud glaubt nicht, daß er die Geschichte jemals veröffentlichen kann. Seine Kinder *haben das Ding gelesen.* Sonst keiner. *Der Moses wird niemals das Licht der Öffentlichkeit erblicken,* schreibt er an Stefan Zweig. Und als Arnold Zweig seinen Besuch ankündigt, heißt es im nächsten Brief an ihn: *Wir werden alles Elend und alle Kritik vergessen und über Moses phantasieren.*

So viel ist in den letzten zwei Jahren in Wien passiert. Kanzler Engelbert Dollfuß hat einen Aufstand der Linken niedergeschlagen, sozialdemokratische und kommunistische Parteien verboten, ihre Führer einsperren oder hinrichten lassen. Freuds Mitleid hält sich in Grenzen, auch wenn er weiß, daß es wohl die besseren Österreicher waren. Doch ihr Erfolg wäre von kurzer Dauer gewesen. *Außerdem waren sie Bolschewiken, und ich erwarte kein Heil vom Kommunismus,* schreibt er an Hilda Doolittle. Dollfuß hat die harte Haltung nichts gebracht. Er wird von Nazis ermordet. Und von da an hat Hitler einen Fuß in der Tür zu Österreich.

Nie hat Freud sich mehr als Jude gefühlt als in diesen Jahren und in dieser Umgebung von bigotten Christen und feigen, heuchlerischen und bourgeoisen Wienern. Jetzt wie nie sind sie gefragt, seine alten und neuen Helden – Hannibal, Joseph, Moses und Ahasver, der Ewige Jude. Die Zeit der Hoffnung ist vorbei. Nach der Erschießung des homosexuellen Ernst Röhm und seiner Mannen durch ihren Kumpan Hitler hatte Freud noch frohlockt und gedacht, die Nazis fressen sich gegenseitig auf. War ein frommer Wunsch. Und Wunschdenken ist auch die Ankündigung von Bundeskanzler Kurt von Schuschnigg, *daß die Juden hier nichts zu befürchten haben*. Sie haben. Freud weiß das. Er schreibt an Arnold Zweig: *Die Kehle wird uns immer enger zugeschnürt, wenn wir auch nicht erwürgt werden.*

»In trüben Zeiten Euch zu sehen und – to die in freedom«
Die Nazis kommen

Einen Tag vor Silvester 1936/37 schreibt die Prinzessin Marie Bonaparte an Freud. Schreibt, daß ein Herr Stahl aus Berlin zu ihr nach Paris gekommen ist, ein Kunsthändler, der ihr alle Briefe angeboten hat, die Freud einst seinem früheren Freund Wilhelm Fließ schrieb. Er hat sie von der Witwe bekommen, zusammen mit vielen Manuskripten aus jener Zeit. Es sind offenbar Angebote aus Amerika da, aber Herr Stahl möchte, daß die wertvollen Dokumente in Europa bleiben, dafür würde er auch mit dem Preis runtergehen. Natürlich hat sie sich die ganze Sache genau angesehen, um die Echtheit zu prüfen. Sie sind echt, die rund 250 Briefe. *Ich kenne ja Ihre Schrift.* Also, der Herr Stahl, *der einen sehr guten persönlichen Eindruck macht,* will für alles 12 000 Francs haben. *Ich freue mich, daß ich das tun konnte.*

Freud ist fassungslos. Acht Jahre ist Fließ tot, und nun verkauft die Witwe, diese *Hexe,* wie er sie nennt, seine Briefe, seine intimsten Gedanken, die er je geschrieben an seinen *liebsten, teuren* Wilhelm. Freud ist dankbar, daß die Korrespondenz jetzt wenigstens in Sicherheit ist. *Es wäre höchst peinlich gewesen,* schreibt er an seine liebe Marie, *wenn sie in fremde Hände gefallen wäre.* Aber es tut ihm leid um ihre Ausgabe. *Darf ich Ihnen anbieten, mich mit der Hälfte des Betrages zu beteiligen?* Auf alle Fälle aber dürfen die Briefe nie *zur Kenntnis der sogenannten Nachwelt kommen.*

Das kann die Prinzessin Freud nicht zusagen. Sie hat die Dokumente mit dem Versprechen erworben, sie nicht an den Urheber weiterzugeben. Sie sind für die Geschichte der Psychoanalyse zu wichtig. Und Freud hat ja offenbar im Sinn, sie zu vernichten. Er soll sich einmal vorstellen, schreibt Marie Bonaparte, Goethes Gespräche mit Eckermann wären verlorengegangen. Oder jemand hätte die Dialoge zwischen Sokrates und Platon zerstört, nur damit die Nachwelt nicht erfährt, *daß Sokrates sich der Päderastie mit Phaidros oder Alkibiades gewidmet hatte?* Nicht auszudenken, so ein Verlust! Und *in Ihren Briefen kann ja nichts von der Art sein! Nichts, wenn man Sie kennt, das Sie verkleinlichen könnte!* Freud, schreibt sie weiter, sieht sich einfach nicht in seiner *vollen Größe.* Er ist nun aber groß wie Platon oder Goethe. Und sie hat auch schon eine Idee, wie das mit den Briefen zu regeln wäre. Man könnte sie in die Staatsbibliothek nach Genf geben, *wo Kriegsgefahren und Revolutionen weniger zu fürchten sind,* und das mit der Auflage, sie erst *in 80 oder*

Der Schreibtisch mit der Brille, die Freud erst in den letzten Lebensjahren trägt.
Freud Museum London

*Meine Stimmung ist schlecht, mir gefällt sehr wenig, meine
Selbstkritik hat sich sehr verschärft. Senile Depression
würde ich an einem anderen diagnostizieren. Ich sehe eine
Wolke von Unheil die Welt überziehen, selbst meine kleine
eigene Welt.*

AN ARNOLD ZWEIG, 13. FEBRUAR 1935

100 Jahren nach Ihrem Tod publizieren zu dürfen. Im übrigen würde sie die Briefe nicht lesen, darauf könnte er sich verlassen.

Freud hofft noch immer, die Papiere verbrennen zu können, antwortet aber erst einmal, daß in 80 oder 100 Jahren das Interesse an der Korrespondenz natürlich *wesentlich geringer* sei *als heute*. Dennoch graust ihm bei der Vorstellung, daß all seine *Ahnungen und Irrwege der keimenden Analyse* zwischen 1887 und 1904 einmal gelesen werden könnten. Doch er kann seine Freundin nicht umstimmen. Und so landet denn das ganze Konvolut nicht in der Schweiz, sondern im Tresor der Wiener Rothschild-Bank.

Der Nationalsozialismus sickert unterdessen unaufhaltsam in Österreich ein. *Alle Schicksale*, schreibt Freud an Arnold Zweig, *haben sich mit dem Gesindel verschworen. Mit immer weniger Bedauern warte ich darauf, daß für mich der Vorhang fällt.* Und dann – so viele Tote um ihn herum: Sándor Ferenczi war schon 1933, schwerkrank und von Wahnvorstellungen gepeinigt, in einem Sanatorium in Baden-Baden gestorben. Seine letzte Reise, so hatte er noch an Freud geschrieben, war eine *voyage de lit-à-lit*. Chow-Chow Jofi stirbt an Herzschwäche, und Freud ist voller Trauer. Wie soll er sich entwöhnen? fragt er Arnold Zweig, *über 7 Jahre Intimität kommt man nicht leicht hinweg*. Lou Andreas-Salomé stirbt mit 76 Jahren in ihrem Haus in Göttingen. Freud erfährt davon aus der Zeitung. *Ich sage nicht zu viel*, schreibt er in einem Nachruf, *wenn ich bekenne, daß wir es alle als eine Ehre empfanden, als sie in die Reihen unserer Mitarbeiter und Mitkämpfer eintrat*. Arnold Zweig gesteht er: *Ich habe sie sehr gerne gehabt, merkwürdigerweise ohne Spur sexueller Anziehung*. Und ein alter Gegner stirbt. Alfred Adler. Mit unverlerntem Sarkasmus schreibt Freud ebenfalls an Zweig: *Für einen Judenbuben aus einem Wiener Vorort ist ein Tod in Aberdeen, Schottland, eine unerhörte Karriere und ein Beweis, wie weit er es gebracht hat.*

Am 11. März 1938, als die Sonne nach einem herrlichen Frühlingstag sinkt, sitzt Freud am Radio und hört die Abdankungsrede von Bundeskanzler Schuschnigg. Der hatte noch versucht, für Sonntag, den 13. März, eine Volksabstimmung für Österreichs Unabhängigkeit zu organisieren. Sie wird nicht mehr stattfinden. Hitler sitzt ihm im Genick. So verkündet Schuschnigg denn um 20 Uhr seine letzte Botschaft. Fordert die Armee auf, nicht einzugreifen, wenn Deutschlands Führer in ihr Land einmarschiert. Kein unnötiges Blutvergießen. Und flankiert von Nazis mit Hakenkreuzbinde, die ihn anschließend festnehmen, sagt er: *Ich weiche der Gewalt. Gott schütze Österreich.*

Freud, der so gut wie nie das Radio anmacht, hört die ganze Rede. Und er hört anschließend den Jubel der Nazis, die grölend mit ihren Schlachtrufen *Juda verrecke!* und *Ein Volk, Ein Reich, Ein Führer!* durch die Straßen Wiens ziehen. Am nächsten Tag schreibt er in seine Chronik: *Finis Austriae.* Und als Paula Fichtl die Abendausgabe der »Neuen Freien Presse« besorgt mit der Schlagzeile »Proklamation des Reichskanzlers Hitler. Ein historischer Tag«, da schleudert Freud, der sich sonst so in der Gewalt hat, die Zeitung in die Ecke und verläßt den Raum. Am Sonntag wird der Anschluß ans Deutsche Reich verkündet. Am Montag fährt Hitler unter tosendem Beifall in Wien ein. Kardinal Innitzer hatte seinen Führer per Telegramm willkommen geheißen, hatte ihn darin wissen lassen, daß bei seinem Einzug alle Glocken Wiens läuten werden. Er sorgte sogar dafür, daß eine Hakenkreuzfahne auf dem Stephansdom gehißt wurde. Und am Dienstag spricht Hitler auf dem Heldenplatz vor einer hysterischen Masse: *Als Führer und Kanzler der deutschen Nation melde ich vor der Geschichte nunmehr den Eintritt meiner Heimat in das Deutsche Reich.*

Was an jenem Tag geschieht, beschreibt Carl Zuckmayer in seinen Erinnerungen. Die Hölle war losgebrochen. *Die Unterwelt hatte ihre Pforten aufgetan und ihre niedrigsten, scheußlichsten, unreinsten Geister losgelassen. Die Stadt verwandelte sich in ein Alptraumgemälde des Hieronymus Bosch.* Kreischende Fratzen rennen johlend mit Fackeln und Fahnen durch die Stadt, Juden werden auf die Knie gezwungen, müssen mit bloßen Händen und Zahnbürsten die Straßen scheuern. *Endlich Arbeit für die Nassauer!* kreischt der Mob. Und alte Juden werden zu Gebrüll an ihren Bärten durch die Stadt gezerrt. Was hat Zuckmayer nicht schon alles erlebt: Schlachten im Ersten Weltkrieg, Trommelfeuer und Gasangriffe, Saalschlachten und den »Hitler-Putsch« in München. Doch was hier in Wien entfesselt wurde, *war der Aufstand des Neids, der Mißgunst, der Verbitterung, der blinden böswilligen Rachsucht.*

Jüdische Geschäfte werden ausgeraubt, Synagogen geplündert, Schlägerbanden in Braunhemden rennen mit Listen durch jüdische Viertel, klingeln Sturm, überfallen die Besitzer in ihren Wohnungen, knüppeln auf Menschen und Antiquitäten ein, hängen Bilder ab, rauben, was sie tragen können. *Sieg heil!* Juden, die Geld abheben, werden ohne Anklage verhaftet. *Heil Hitler!* Alles wird *judenrein und arisch:* Theater, Verlage, Zeitungen, Kaffeehäuser. Da schreibt Stefan Zweig aus dem englischen Exil an Freud: *Das eigentliche Buch, das man schreiben müsste, wäre die Tragödie des Judentums, aber ich fürchte, die Realität wird unsere verwegenste Phantasie übertreffen.*

Zuckmayer flüchtet in die Schweiz. Sein Freund Egon Friedell, der 60jährige Kulturhistoriker, Essayist und Kabarettist, will nicht weg aus seiner Stadt. *Was soll ich in einem anderen Land? Da bin ich doch nur ein Schnorrer und eine lächerliche Figur.* Als er zehn Tage nach der Besetzung von seiner gemütlichen 3-Zimmer-Wohnung aus sieht, wie SA-Leute aus dem Auto springen und hört, wie sie die Treppe hochstürmen, springt er aus dem Fenster in den Tod. Der Freitod ist in diesem Frühling für 500 österreichische Juden Endstation Verzweiflung.

Suizidgedanken gehen in diesen trüben Tagen auch in der Berggasse um. Über der Eingangstür hängt das Hakenkreuz. Freud verläßt seit dem Einmarsch das Haus nicht mehr. Es wäre lebensgefährlich. Eine Bande Braunhemden stürmt die Verlagsräume im Erdgeschoß. Die Gangster drohen Martin Freud mit Erschießung, falls er nicht kooperiert. Er kann einen Wachposten bestechen und belastendes Material verschwinden lassen – wie etwa Freuds Testament. Aus ihm hätten die Nazis erfahren, daß er Geld im Ausland besitzt. Aber wie kommt die Familie noch aus diesem verdammten Wien raus? Anna fragt ihren Vater, ob es nicht besser wäre, wenn sich alle das Leben nähmen. Da erwidert Freud sarkastisch: *Warum? Weil sie gerne möchten, daß wir das tun?* Wie oft hat er den Tod herbeigesehnt, aber nicht so. Nicht, weil es den Nazikerlen ein Freudenfest wäre. Da ist der Alte stolz und störrisch. Jetzt erst recht leben und kämpfen, wie Hannibal, wie Moses. *Ich muß hier auf meinem Posten bleiben,* sagt er zu Ernest Jones, der am 16. März aus London eintrifft, um Freud aus der Höhle der Antisemiten zu holen.

Denn einen Tag zuvor, am 15. März, als die Braunhemden Freuds Sohn Martin im Verlag bedrohten, hat es auch eine Razzia der SA in der Freudschen Wohnung gegeben. Paula Fichtl hat die Tür kaum geöffnet, da schubsen fünf gestiefelte Nazis sie auch schon zur Seite, stehen im Flur, wollen weiter, aber halt! Martha Freud versperrt ihnen die Tür des Eßzimmers. *Nehmen Sie doch im Vorzimmer Platz,* sagt sie kühl und beherrscht. *Und legen Sie Ihre*

Gewehre ab. Dabei deutet sie auf den Schirmständer im Flur. Die Stürmer sind verblüfft. Dann bittet die Hausfrau die Eindringlinge ins Wohnzimmer, öffnet ihre Börse mit dem Haushaltsgeld, schüttet den Inhalt auf den Tisch und sagt, so als ob angerichtet wäre: *Wollen die Herren sich nicht bedienen?*

Freud, der auf seinem Sofa geschlafen hatte, wacht durch den Lärm auf und geht zum Wohnzimmer. Und da steht er im Türrahmen, der fast 82jährige große alte Mann mit weißem Haar und weißem Bart und dem zornigen Blick des Moses. Er beobachtet die Banditen, wie sie das Geld in ihre Taschen stopfen, wie sie anfangen, Papiere zu durchwühlen. Und wo ist Anna? Zwei von der SA sind mit ihr ins Nebenzimmer gegangen und nötigen sie, den Safe zu öffnen. 6 000 Schilling stecken sie ein und beschlagnahmen die Pässe. Als die Horde überlegt, was sie noch anrichten kann, steht Freud in der nächsten Tür, und seine flammenden Blicke, *um die ihn*, wie Jones schreibt, *ein Prophet des alten Testaments hätte beneiden können*, irritieren die Eindringlinge so sehr, daß sie sich mit dem Satz: *Wir kommen wieder!* auf und davon machen. Als Freud vom Verlust der 6 000 Schilling hört, sagt er nur knapp, das sei mehr, als er je für einen Patientenbesuch bekommen habe.

Es ist allerhöchste Zeit, Freud zur Emigration zu bewegen. Jones, der die brutale Durchsuchung der Verlagsräume miterlebt hat, versucht Freud davon zu überzeugen, daß auch der Überfall in seiner Privatwohnung nicht der letzte gewesen sein wird. Die beiden sitzen den ganzen Abend beisammen und besprechen die Lage. Freud sagt, daß er einfach zu alt ist und zu schwach und daß er nicht einmal mehr Treppen steigen kann, wie soll er da in ein Eisenbahnabteil hochkommen? Und er braucht doch seinen Chirurgen Pichler, der gottlob kein Jude ist und ihn zu Hause in der Berggasse bestens behandelt. Und wer will ihn überhaupt aufnehmen, ihn, den Juden? Er kann hier auch nicht einfach so die Flucht ergreifen, das wäre, sagt er, *wie wenn ein Soldat seinen Posten verließe*.

Ich vergleiche mich manchmal mit dem alten Jakob, den seine Kinder auch im hohen Alter nach Ägypten mitgenommen haben ... Hoffentlich folgt nicht darauf wie dereinst ein Auszug aus Ägypten. Es ist Zeit, daß Ahasver irgendwo zur Ruhe kommt.

AN ERNST FREUD, 12. MAI 1938

Da erzählt Jones ihm eine wahre Geschichte von der untergehenden »Titanic«, erzählt vom Ersten Offizier, der bei der Explosion des sinkenden Luxusdampfers an die Wasseroberfläche geschleudert wurde und sich an herumschwimmenden Planken festhalten und retten konnte. Als er später bei der Untersuchung gefragt wird, wann er das Schiff verlassen hat, sagt er: *Ich habe das Schiff nie verlassen, Sir. Es hat mich verlassen.* Und genauso, sagt Jones zu Freud, ist es doch mit ihm und Österreich. Nicht er verläßt das Land, sondern das Land hat ihn verlassen. Das überzeugt Freud, und er gibt endlich seine Zustimmung zur Emigration.

Inzwischen ist auch die Prinzessin aus Paris eingetroffen, um Freud zu beschützen. Jones kann also abreisen und in London für eine Aufenthaltsgenehmigung sorgen. Ein paar Tage später klingelt auch schon der nächste SA-Sturmtrupp in der Berggasse. Paula Fichtl sieht durch den Spion zwei Ledermäntel mit Schlapphut und drei Polizisten. Sie will nicht öffnen, stemmt sich gegen die Haustür, aber dann kommt Freud, vom Getöse aufgeschreckt, in den Flur und sagt: *Lassen Sie die Herren herein, Paula.* Und wieder ist da dieser blitzende Blick, der die Nazis für einen Moment irritiert. Sie ziehen jedenfalls den Hut. Danach vergessen sie ihre Kinderstube wieder, durchwühlen Bücher und Papiere, fordern Geld, suchen es im Wäscheschrank, werfen die Stöße frisch gemangelter Tischdecken und Bettücher auf den Boden. Aber da steht Martha Freud wie ein Mann vor den Plünderern, brüllt sie an, ob sie nicht Ordnung halten könnten, und legt die Stapel säuberlich zurück. Die verdutzten Nazis verschwinden im Nebenzimmer, wühlen da weiter und sagen am Ende, Anna Freud soll sich fertigmachen, sie würde gleich abgeholt werden zum Gestapo-Verhör.

Das ist ein Schock. Warum? Sie haben doch alles durchsucht! Was wollen sie denn noch wissen? Es gibt keine Antwort. Es gibt nur den Befehl. Marie Bonaparte, die anwesend ist, verlangt, ebenfalls verhaftet zu werden. Hier! sagt sie und zeigt ihren Paß. Prinzessin? Bonaparte? Das flößt den bourgeoisen Kerlen dann doch Respekt ein. Könnte auch zu diplomatischen Verwicklungen führen. Also nur Fräulein Freud! Sie soll sich bereithalten. Anna und Martin Freud, der ebenfalls mit seiner Festnahme rechnet, laufen in die Wohnung von Max Schur, Freuds Hausarzt, der bereits signalisiert hat, mit der Familie zu emigrieren. Er gibt der zitternden Anna und auch Martin eine tödliche Dosis Veronal, falls sie gefoltert würden, falls es zum Abtransport in ein Konzentrationslager käme. So viele tausend Juden verschwinden doch in jenen Tagen spurlos. Danach macht Dr. Schur sich auf den Weg zu seinem Patienten. Freud ist wie gelähmt. Seine Anna, seine Antigone bei der Gestapo, der schärfsten Waffe Hitlers. Schur verbringt die langen, langen Stunden bei ihm. Nie, sagt er, hat er Freud so *tief bekümmert* erlebt. Er geht nur im Zimmer auf und ab und auf und ab, raucht eine Zigarre nach der anderen, horcht auf jedes Geräusch, kann nicht reden und sich nicht beruhigen lassen. Es gibt nichts zu beruhigen. Jones interveniert von London aus, die Prinzessin von Wien. Ein italienischer Analytiker spricht in Rom beim Duce vor, und Mussolini soll den italienischen Botschafter in Wien angewiesen haben, für die Freilassung von Freuds Tochter zu sorgen. Auch Dorothy Burlingham rotiert und alarmiert den amerikanischen Botschafter, der wiederum seinen Außenminister einschaltet.

Und Anna Freud? Sie sitzt Stunde um Stunde auf dem Korridor der Gestapo und wartet. Später wird sie von einem mysteriösen Anruf erzählen, der offenbar zu ihrer Entlassung geführt hat. Martin Freud wird nicht verhaftet. Als die verloren geglaubte Tochter endlich abends um sieben an der Haustür klingelt, ist Freud von seinen Gefühlen überwältigt. Er, der seine Zuneigung so selten zeigt, tut es an diesem Abend, wie Schur schreibt, *ziemlich unverhüllt*.

Am nächsten Morgen sitzt auf den Stufen vor Freuds Wohnungstür Marie Bonaparte, Prinzessin von Griechenland und Dänemark. Sie sitzt in ihrem blauschwarzen Nerz mit Hut und Krokodilledertasche auf einem Kissen und schützt den Aufgang vor weiteren SA-Überfällen. Freud weiß nichts von dieser Demonstration. Paula aber, die große Verehrerin der Prinzessin, die so besonders freundlich mit dem Personal umgeht, bringt ihr alle Stunde Tee oder Schokolade ins kalte Treppenhaus. Ein paar Tage wird der Professor so bewacht.

Der vergleicht sich jetzt mit dem greisen Jakob aus dem Alten Testament. Den hatten seine Kinder auch im hohen Alter mit nach Ägypten genommen. *Es ist Zeit, daß Ahasver irgendwo zur Ruhe kommt,* schreibt Freud eine Woche nach seinem 82. Geburtstag an seinen Sohn Ernst. Schreibt: *zwei Aussichten erhalten sich in diesen trüben Zeiten, Euch alle beisammen zu sehen und – to die in freedom.*

»Ich kann die Gestapo jedermann auf das beste empfehlen«
Die letzten Tage in Wien

An einem regnerischen Maimorgen, zehn Tage vor Freuds Emigration, packt der 31jährige jüdische Fotograf Edmund Engelman Rolleiflex und Leica, Objektive, Belichtungsmesser, Stativ und so viele Filmspulen wie möglich in seinen Handkoffer und macht sich auf den Weg in die Berggasse 19. Ein alter Kollege und Tarockpieler von Freud hat ihn gebeten, die Wohnung des Psychoanalytikers, in der er vierzig Jahre gelebt hat, vor seiner Abreise nach England zu fotografieren – sozusagen für die Ewigkeit. Alle Zimmer, alle Ecken, alle Kunstwerke, alle Bilder und – die weltberühmte Couch. Er muß nur höllisch aufpassen, darf kein Blitzlicht benutzen und keinen Scheinwerfer. Die SA beobachtet das Haus, und Freud darf nicht mehr gefährdet werden. Und er selbst natürlich auch nicht.

So geht Engelman denn *aufgeregt und ängstlich* in aller Frühe durch die menschenleeren Straßen. Der Regen hat aufgehört, die Pflastersteine glänzen feucht, und der Himmel ist verhangen. Viel zuwenig Licht, denkt der Fotograf, als er in der Nummer 19 ankommt. Über dem Torbogen ein Hakenkreuz, und vom Dach hängt die Nazifahne schlaff herunter. Das wird er zum Schluß fotografieren. Dann klingelt er an der Wohnungstür. Die Familie ist eingeweiht, und Engelman beginnt mit der Arbeit, dokumentiert die Wohnung Zimmer für Zimmer: die vergitterte Eingangstür mit dem Spion, Ödipus mit der Sphinx, Schränke mit Antiken, das einsame Telefon, ein chinesischer Weiser wacht über Freuds Rauchutensilien, die Schreibmappe – geschlossen, Götter, Bilder, Bücher, Lou Andreas-Salomé lächelt von der Wand, Yvette Guilbert schwebt an Bücherrücken dahin, die gerahmte Prinzessin hängt über Pharaonen, und in der Vase welken die letzten Tulpen in bizarren Formen. Schwermütige Stilleben, verlassene Räume und mittendrin die leere Couch mit der zusammengefalteten Wolldecke am Fußende und dem Kachelofen, dem Hilda Doolittle mit ihren Füßen immer so nah war.

Am Ende steht dann auch Freud noch in der Tür, und der Fotograf ist ganz verlegen. Aber er ist auch patent, hat gehört, daß die Gestapo alle Pässe beschlagnahmt hat, fragt Freud, ob er nicht von ihm, seiner Frau und der Tochter Paßfotos machen soll, die er doch sicher für die Ausreisepapiere brauchen wird. Freud ist dankbar. Doch das Lächeln, das er noch für Engelman übrig hat, gefriert auf den Fotos zu unendlicher Traurigkeit.

Elende Tage bis zur Ausreise. Freud, 82 Jahre, stellt eine Liste mit den Personen auf, die ihn begleiten wollen und sollen: Martha Freud, 77 Jahre, Minna Bernays, 73 Jahre, Tochter Anna, 42 Jahre, Sohn Dr. Martin, 48 Jahre, dessen Frau mit Sohn und Tochter, Enkel Ernst, Sohn seiner toten Tochter Sophie, Tochter Mathilde, 50 Jahre, und deren Mann, Dr. Max Schur, 41 Jahre, Leibarzt seit 9 1/2 Jahren, mit Frau und zwei kleinen Kindern, Paula Fichtl, 36, langjährige Hausgehilfin. Ja, Paula will mit nach England. Sie hat die Nazis kennen und fürchten gelernt, und sie hängt an ihrer Familie Freud. Die fremde Sprache wird sie schon irgendwie lernen. Jetzt läuft sie erst einmal los und kauft einen Stadtplan von London für den Herrn Professor, sie räumt aus, packt ein, kocht und fischt die Tarockkarten wieder aus dem Müll. Freud hatte sie weggeworfen, aber Paula glaubt, die werden in London noch gebraucht.

Freud wirft in diesen Tagen überhaupt viel weg. Papiere über Papiere. Anna Freud und die Prinzessin, die zwischen Paris und Wien pendelt, holen das meiste wieder aus dem Papierkorb. Wichtige Dokumente stopft Marie Bonaparte sich unter Rock und Bluse und schafft sie in die französische Botschaft, von wo aus alles als Diplomatengepäck nach Paris geht. Und immer wieder Angst und Panik. Die »Reichsfluchtsteuer« für Juden muß bezahlt werden. Wovon? Die Nazis haben Freuds Barvermögen gestohlen, seinen Verlag konfisziert, sein Bankkonto gesperrt, und die Steuer beträgt fast 32 000 Reichsmark. Wieder springt Marie Bonaparte ein. Freud besteht darauf, ihr die Summe in Paris von seinem Auslandskonto zurückzuzahlen.

Langsam kommt alles zusammen. Papiere und Pässe mit Reichsadler und Hakenkreuz. Die Frauen packen. Auch die Antikensammlung darf mit. Und Freud? Freud läßt sich an einem Frühlingstag noch einmal im Auto durch Wien fahren. Sitzt im Fond, mit einer Wolldecke um die Beine geschlungen, und schaut sich zum letztenmal seine geliebte, gehaßte Stadt an. Fährt an der Universität vorbei, am Rathaus, am Burgtheater und an der Hofburg, an der Staatsoper und am Stephansdom mit seinem schrecklich dramatischen Turm, den er nie ausstehen konnte, und in der Ferne sieht er das Riesenrad vom Prater, wo ihm vor einer Ewigkeit ein Verseschmied die glanzvollste Karriere eines Ministers vorausgesagt hat.

Zu Hause geht dann der Bürokratenwahn weiter. Die »Unbedenklichkeitserklärung« muß bescheinigt werden. Anna Freud müht sich ab, läuft von Behörde zu Behörde, ist erschöpft, kaputt und zeigt es nicht. Freud schreibt an seine Schwägerin Minna, die bereits mit den meisten Familienmitgliedern ausreisen konnte, *alles, das Wichtigste wie das Unwesentliche, muß Anna allein besorgen*. Endlich kann sie bei Thomas Cook für den 4. Juni Fahrkarten kaufen, Schlafwagenplätze reservieren lassen und Geld umtauschen.

Dann ein neuer Schock. Wieder stehen SS-Männer vor der Tür, klingeln und wollen eine Unterschrift von Professor Freud. Er soll erklären, daß er und seine Familie nicht mißhandelt worden sind. Das bestätigt Freud. Und er setzt noch einen Satz hinzu. Schreibt: *Ich kann die Gestapo jedermann auf das beste empfehlen*. Welcher Teufel reitet ihn, im letzten Augenblick noch seinen Sarkasmus auszuprobieren? Ist es Glück, daß die SS-Männer offenbar nur auf die Unterschrift achten? Oder nehmen sie den Satz etwa ernst? Oder können

Zwölf Stunden hält sich Freud auf dem Weg ins Londoner Exil in Paris auf.
Quai Malaquais, Paris

sie seine Schrift nicht lesen? Sie gehen jedenfalls und kommen nicht zurück. So bricht denn endlich der 4. Juni 1938 an.

Der ist ein Samstag, und Paula Fichtl bereitet zum letztenmal das Frühstück. Für den Herrn Professor kocht sie wie immer ein weiches Ei und serviert dazu Tatar. Der Rest der Familie ißt Toast mit Konfitüre. Mittags werden zwei Taxis bestellt für das Ehepaar Freud, Tochter Anna, Paula Fichtl, den Chow-Chow Lün und die Kinderärztin Dr. Josefine Stroß. Sie soll Freud auf der Reise medizinisch betreuen, weil Max Schur wenige Tage zuvor am Blinddarm operiert werden mußte. Er ist verzweifelt, wird aber so schnell wie möglich mit seiner Familie nachkommen. So geht es ohne ihn zum Wiener Westbahnhof, wo sich um 15 Uhr 25 der Orientexpreß Istanbul—Paris in Bewegung setzt.

Die schlimmsten Stunden sind die durchs Deutsche Reich. Jede Station wird angstvoll durchlebt. Und Dr. Stroß muß immer öfter mit ihrem Arztkoffer ins Abteil zu Freud. *Sie hat mich sehr behütet,* wird er von London aus an Eitingon schreiben, *denn in der Tat haben die Schwierigkeiten der Reise sich bei mir in schmerzhafter Herzmüdigkeit ausgewirkt, wogegen ich reichlich Nitroglycerin und Strychnin genossen habe.* Als der Zug schließlich bei Kehl über die Rheinbrücke rollt, sagt Freud: *Jetzt sind wir frei.*

Großer Bahnhof am 5. Juni um zehn Uhr morgens auf der Gare de l'Est. Jubel, Blitzlicht, Journalisten, die Prinzessin, der amerikanische Botschafter in Paris, William Bullitt, Freuds jüngster Sohn Ernst. Und vor dem Bahnhof warten zwei Chauffeure mit dem Bentley und dem Rolls-Royce. Für zwölf Stunden sind die Freuds Gast in Marie Bonapartes Pariser Palais. Alles ist vorbereitet im Garten: eine gepolsterte Liege mit Wolldecke für den Professor, Korbsessel für die Familie, die Ärztin, Paula und Freunde des Hauses. Es wird gefilmt und in selige Gesichter fotografiert.

Und dann die Überraschung. Die Prinzessin erzählt, daß sie einen Teil von Freuds Vermögen gerettet hat, daß sie in Wien die Goldmünzensammlung, diese inflationssichere Anlage, heimlich an sich genommen und als Diplomatengepäck von der griechischen Botschaft nach Paris hat bringen lassen. Und sie hat eine Göttin rausgeschmuggelt, seine bronzene Lieblings-Athene mit dem Medusenhaupt auf der Brust und der erhobenen Linken, aus der sie ihren Speer verloren hat. Nun trägt sie dort ein Billett:

Die Athene –
Ruhe! Vernunft!
Grüßt die Ausreisenden
aus der tollen Hölle!

Freud ist überwältigt. Er wird seiner Freundin und Retterin von London aus schreiben: *... der eine Tag in Ihrem Haus in Paris hat uns Würde und Stimmung wiedergegeben; nachdem wir 12 Stunden lang in Liebe eingehüllt wurden, sind wir stolz und reich unter dem Schutz der Athene abgereist.*

Und siegreich ist er in London angekommen nach einer ruhigen Überfahrt von Calais nach Dover, das im Mondlicht vor ihnen lag. Ernest Jones holt seinen Mentor samt Familie von Victoria Station London ab, wo sie wieder enthusiastisch mit Blitz und Blumen empfangen werden. In Jones' Wagen und zwei Taxis fahren die Emigranten auf dem Weg in ihr provisorisches Domizil am Buckingham Palace vorbei, am Piccadilly Circus und am Regent's Park, bis sie schließlich in die Elsworthy Road einbiegen, wo Ernst Freud für drei Monate ein Häuschen gemietet hat mit Veranda, Garten, Blumen und Bäumen. Im zweiten Stock liegt Minna Bernays, die sich von einer schweren Lungenentzündung mühsam erholt. Freud wird sie erst Tage nach seiner Ankunft begrüßen können, denn Treppen steigen kann er nicht mehr. *Es ist schwer für uns vertikal anstatt horizontal zu leben,* schreibt er. Weil die Schlafzimmer im ersten Stock liegen, müssen Anna, Ernst und Paula ihn am Abend und am Morgen auf einem Stuhl hoch- und wieder runtertragen. Und sein Herz ist in diesen Tagen, wie er schreibt, *nicht leistungslustig.*

Aber Freud genießt den Jubel im Land seiner Liebe. Er wird überschwemmt mit Blumen und Briefen. Die einen wollen Autogramme, eine Malerin möchte ihn porträtieren, aus Cleveland, Ohio, kommt eine Einladung, er möchte doch zu ihnen ziehen. *Wir werden antworten müssen, daß wir leider schon ausgepackt haben!* Und dann stehen drei Sekretäre der Royal Society vor der Haustür. Sie haben das *Heilige Buch* bei sich, in das Freud nun endlich seinen Namen neben die Signaturen von Isaac Newton und Charles Darwin setzen soll. *Gute Gesellschaft!* schreibt er stolz und vergnügt an Arnold Zweig.

Sigmund Freud – wer kennt ihn nicht in England? *Wir sind mit einem Schlag populär in London geworden,* schreibt er an Eitingon. *I know all about you,* hatte der Bankdirektor zu ihm gesagt. Und als Anna Freud dem Taxi-Chauffeur die Adresse angibt, sagt der: *Oh, it's Dr. Freud's Place.* Und die Briefflut hört gar nicht mehr auf. Sie kommt von *Narren, Verrückten und Frommen, die Traktate und Evangelien schicken, das Seelenheil retten, die Wege Christi weisen und über die Zukunft Israels aufklären wollen,* schreibt Freud an seinen Bruder Alexander. *Kurz, zum ersten Mal und spät im Leben habe ich erfahren, was Berühmtheit heißt.*

Was aber das beste ist, er kann endlich wieder anfangen zu schreiben, kann den letzten Teil seines »Moses« in Ruhe und Sicherheit beenden. *Moses III wieder begonnen,* schreibt Freud zwei Wochen nach seiner Ankunft in die Chronik.

Doch es dauert nicht lange, da kommen aus allen Ecken der Welt besorgte Anfragen, ob Freud in diesen bitteren Zeiten der Judenverfolgung tatsächlich seinen »Moses« veröffentlichen will. Es wäre wirklich ratsam, ihn im Schreibtisch zu lassen. Moses – kein Jude! Und die Juden ermorden ihn auch noch. Und sie wollen keine Christen werden, wollen das auserwählte Volk sein. Wenn das nicht ein Bärendienst für die Juden und ein gefundenes Fressen für die Antisemiten ist. Aber auf diese Argumente kann Freud keine Rücksicht nehmen. Sein Leben lang ist er für das eingetreten, was er für seine wissenschaftliche Wahrheit hält. Da will er sein Leben *nicht mit einem Akt der Verleugnung beschließen.* Feigheit gibt es für ihn nicht. Der »Moses« ist nach Amerika verkauft worden. Er wird erscheinen. Nur Jones kommt einfach nicht mit der Übersetzung voran, und Freud findet, daß die Verzögerung fast so aussieht, *als ob er das Buch sabotieren wollte.*

Inzwischen haben die Söhne ein Haus in Maresfield Gardens, Hampstead, gefunden. Es wird für 6500 Pfund gekauft. Freud schreibt vergnügt seiner Anna-Antigone, die auf einem Analytikerkongreß in Paris ist: *In meinem Palais war ich noch nicht. Mein Friseur hatte schon in der Zeitung gelesen, daß ich ein Haus gekauft habe.*

Sie hält sich also, seine Popularität. Und noch immer kommen Besucher. Für den 19. Juli hat sich Stefan Zweig angesagt, der Salvador Dalí, dessen Frau Gala und den Dichter und Millionär Edward James mitbringt. James ist der Besitzer des surrealistischen Dalí-Gemäldes »Die Metamorphose des Narziß«, das der Künstler dem Analytiker zeigen und erklären möchte. Ach, wie oft hat Dalí schon versucht, Freud zu sehen und zu sprechen. Dreimal ist er in Wien gewesen, aber die Reisen, so schreibt er in seiner Autobiographie, sind *wie drei Wassertropfen, denen die Reflexe fehlten, die sie zum Glitzern bringen.* Jeden Tag dasselbe Lied: Er wacht auf, er besucht »Die Spitzenklöpplerin« von Vermeer, und er besucht nicht Freud. Freud geht es nicht gut, heißt es, Freud ist auf dem Lande, hört er. Also warten. Er läuft durch Antiquitätengeschäfte, stopft sich mit Schokoladentorte zu, *und Abends führte ich lange und erschöpfende imaginäre Gespräche mit Freud; einmal kam er sogar mit mir auf mein Zimmer im Hotel Sacher und blieb, an die Vorhänge geklammert, die ganze Nacht da.* Doch der echte Freud ist nicht zu fassen. So malt Dalí denn die Metamorphose des Narziß, malt sie als Tod und Versteinerung in spiegelndem Wasser. Und die felsigen Finger des versunkenen Jünglings bringen im Totenreich ein Ei zum Blühen.

Eines Tages, als Dalí in Frankreich Schnecken ißt, sieht er neben sich jemanden Zeitung lesen, sieht auf der ersten Seite ein Foto von Freud: Freud – soeben in Paris eingetroffen. Freud im Exil. Er starrt das Bild an und stößt, wie er schreibt, einen lauten Schrei aus. *In diesem Augenblick hatte ich das morphologische Geheimnis Freuds entdeckt! Freuds Schädel ist eine Schnecke.* Und diese Erkenntnis beeinflußt sein Porträt auf Löschpapier, zu dem Freud dem Spanier nun in London Modell sitzt.

Die beiden sprechen wenig, *aber wir verschlangen einander mit den Augen.* Dalí erinnert sich auch, wie leidenschaftlich Freud ein paarmal das Wort *Sublimation* ausspricht. Also Verwandlung, Verdichtung, Vergeistigung. *Moses ist das Fleisch der Sublimation,* sagt er. Und als sie über surrealistische Kunst reden und über Dalís »Narziß«, bekommt der Maler eine *Alterslektion* mit auf den Weg. *In klassischen Bildern suche ich das Unbewußte,* sagt Freud, *in einem surrealistischen Bild das Bewußte.* Damit ist für Dalí das Todesurteil über den Surrealismus als Doktrin, Sekte und »ismus« gesprochen, *aber die Realität seiner Tradition als »Geisteszustand« hat Freud für ihn bestätigt.*

Und natürlich möchte sich der 34jährige Traummaler mit dem damals noch zarten Lippenbärtchen und dem geölten Haar über den Feueraugen auch ein bißchen spreizen vor dem Traumdeuter Freud. So spielt er denn vor dem verblüfften Analytiker eine Art *Dandy des Weltintellektualismus.* Wie er später erfährt, hat diese Rolle keinen Eindruck gemacht. Doch von der *unleugbar technischen Meisterschaft* des jungen Spaniers *mit den treuherzig fanatischen Augen* ist Freud, wie er am nächsten Tag an Stefan Zweig schreibt, sehr beeindruckt.

Es ist also so, als ob wir in Grinzing lebten, wo jetzt der Gauleiter Bürckel uns gegenüber eingezogen ist.

AN MAX EITINGON, 6. JUNI 1938

Der letzte Wohnsitz in dem feinen Stadtteil Hampstead.
Maresfield Gardens, London

»Lieber Schur, Sie haben versprochen, mich nicht im Stich zu lassen«
Der Tod

Anna Freud und Max Schur rufen in Wien bei Hans Pichler an. Sie bitten ihn, dringend nach London zu kommen. Sie haben bereits einen Operationstermin in der Klinik am Devonshire Place. Der Krebs ist allem Anschein nach wieder aktiv. Und Pichler kennt den Patienten nun mal am besten, und er hängt ja auch an ihm. So trifft der Chirurg denn am 7. September 1938 auf dem Flughafen ein, am 8. wird Freud mit Evipan narkotisiert, und weil man einfach nicht mehr an die befallenen Stellen herankommt, muß der Arzt die Lippe spalten und den Schnitt an der Nase entlang weiterführen, um richtig arbeiten zu können. Es werden große Stücke vom festen Gewebe weggenommen, werden gleich unterm Mikroskop untersucht, dann wird die Prothese in die Wundhöhle eingesetzt, und als Freud aufwacht, fühlt er sich erstaunlicherweise wohl und kann am Nachmittag schon wieder lesen. So erschöpft Freud auch nach der Operation ist, er hat sie gut überstanden. Und so kann Dr. Pichler sich denn nach der Visite am nächsten Morgen verabschieden und um 11 Uhr nach Wien zurückfliegen. Am Flughafen sieht er, daß in fast jeder englischen Zeitung über den Eingriff ihres beliebtesten Emigranten zu lesen ist. Die Rechnung dieses letzten operativen Gewaltakts geht an Anna Freud. Sie beträgt 300 Pfund plus 25 Pfund Reisespesen.

Inzwischen ist Maresfield Gardens wunderbar hergerichtet. Freuds Sohn Ernst hat einen Lift einbauen lassen, und er macht, wie Freud bewundernd schreibt, *aus zwei Zimmern eines oder umgekehrt, das reine Hexeneinmaleins ins Architektonische übersetzt.* Und tatsächlich sind die Sachen aus Wien eingetroffen, auch seine Antikensammlung. Paula Fichtl, die jahrelang alle Götter Freuds abgestaubt hat, versucht nun, sie auf dem Schreibtisch wieder in die alte Ordnung zu bringen. Sie legt auch die Perserteppiche aus, hängt mit der Frau Professor Bilder auf, kauft mit ihr Gardinenstoff ein, und der Garten blüht, und Minna Bernays ist aus dem Pflegeheim zurück, *ein trauriges Kapitel,* schreibt Freud. *Noch immer schwer leidend an ihrem Herzen und … von zwei Nurses geplagt, die meine Frau unglücklich machen, weil sie Wohn- und Badezimmer im Stock belegen.*

Freud erholt sich nur langsam. Er kann schlecht sprechen, schlecht rauchen, und essen mag er auch nicht mehr in Gesellschaft seiner Familie. Paula

Fichtl serviert ihm Eier, Tatar oder weichgekochten Tafelspitz im Arbeitszimmer. Er liest viel, hat auch wieder Patienten, vier in der Woche. Und er empfängt noch immer Besucher. H. G. Wells kommt und findet seine Thesen zu Moses *überaus wahrscheinlich*. Die Prinzessin kommt und überrascht ihren Freund mit einer herrlichen Venus aus Bronze. Die Schöne hat nur ein Tuch um die Hüften geschlungen und betrachtet sich verzückt im Handspiegel. Blanche Knopf reist aus New York an, die begehrte Verlegerin, zu deren Exilautoren auch Thomas Mann gehört. Sie will Freud überreden, ein paar Korrekturen an seinem »Moses« vorzunehmen, nur *kleine Vorschläge* hätte sie da. Doch Freud bleibt stur. Nichts wird geändert. Alles bleibt, wie es geschrieben ist. Eher tritt er vom Vertrag zurück. Aber das will die toughe Dame natürlich nicht.

So erscheint denn »Der Mann Moses und die monotheistische Religion« in Amerika, das Werk, das am Ende seines Lebens die Leser am meisten polarisiert. Freud, sagen sie, beleidigt die Christen, die sich durch ihren Glauben der Mystik, der Illusion und der Täuschung ergeben hätten. Und den Juden macht er das Leben schwer, weil er sie auserwählt, sich der Illusion und Mystik zu verschließen, weil er sie zu Gläubigen des Geistes macht. Da schickt Freud seinem »Moses« eine kleine Schrift über »Antisemitismus« hinterher mit der bitteren Erkenntnis, daß den Christen in Krisenzeiten alles Christliche verlorengeht, daß unter ihrer Maske der Frömmigkeit Eifersucht und Neid glühen.

Im Januar 1939 kommen Virginia und Leonard Woolf zum Tee. In ihrem Verlag Hogarth Press erscheinen seit 1924 alle Werke Freuds. Nun besuchen die Verleger ihren Autor, und Freud, ganz Gentleman der alten Schule, überreicht der großen Schriftstellerin eine Blume aus seinem Garten. Leonard Woolf hat wirklich schon viele berühmte Männer kennengelernt, doch von Freuds Persönlichkeit ist er überwältigt. Er ist für ihn *nicht nur ein Genie, sondern auch im Gegensatz zu vielen Genies ein außerordentlich netter Mann, der eine Aura nicht von Ruhm, sondern von Größe hat*. Und er sitzt da in seinem Stuhl *wie ein erloschener Vulkan*.

Beim Tee erzählt Woolf ihm, daß er neulich von einem Mann in der Zeitung gelesen hat, der Bücher in einer Londoner Buchhandlung mitgehen ließ. Darunter auch ein Werk von Sigmund Freud. Und der Richter, der ihm eine Geldstrafe aufbrummt, sagt, er hätte ihn lieber dazu verurteilt, sämtliche Werke von Freud lesen zu müssen. Da lacht Freud und sagt, daß er durch seine Bücher ja eher berüchtigt als berühmt geworden ist. Virginia Woolf sieht Freud viel respektloser als ihr Mann. Der Greis mit dem scharfen Blick durch runde

Brillengläser ist für sie *ein verschlossener, zusammengeschrumpfter sehr alter Mann mit den hellen Augen eines Affen*. Sie hat seinen »Moses« gelesen, hatte so sehr gehofft, ihren *geistigen Horizont* durch die Lektüre zu erweitern, doch es passiert genau das Gegenteil. Sie fühlt sich eingeschnürt. Und schon findet sie Freud *ärgerlich*. Fragt ihn auch, was Zivilisation und Freiheit noch bedeuten, *wenn wir nur aus Trieben und dem Unbewußten bestehen*. Allerdings findet sie Freuds *Breitseiten gegen Gott* schon sehr hübsch.

Als sie beim Tee auch über Hitler reden und über das verlogene Münchner Abkommen, an dem sich auch Chamberlain beteiligte und um des lieben Scheinfriedens willen einverstanden war, daß der Diktator die Tschechoslowakei schluckt, da habe sie schon Scham empfunden. Sie will von Freud wissen, ob nicht vielleicht auch das Geschacher um den Versailler Vertrag nach dem Ersten Weltkrieg, an dem sich ja auch Großbritannien beteiligte, diesen Hitler überhaupt erst an die Macht gebracht hat. Sie fühlt sich da schon irgendwie mitschuldig. Könnte es also sein, fragt sie, daß es keinen Hitler und keine Nazis gäbe, wenn wir den Krieg damals verloren hätten? Aber nein, sagt Freud. Die Nazis wären so oder so gekommen. Waren doch schon da. *Und wenn Deutschland den Krieg gewonnen hätte, wären sie noch schlimmer.* Genauso hatte Erich Kästner es 1930 in einem Gedicht gesagt:

>*Wenn wir den Krieg gewonnen hätten,*
>*dann wär der Himmel national.*
>*Die Pfarrer trügen Epauletten.*
>*Und Gott wär deutscher General ...*
>*Dann läge die Vernunft in Ketten.*
>*Und stünde stündlich vor Gericht.*
>*Und Kriege gäbs wie Operetten.*
>*Wenn wir den Krieg gewonnen hätten –*
>*zum Glück gewannen wir ihn nicht!*

Freud geht es nicht gut. Immer wieder deuten die Eintragungen in der Chronik auf seinen schlechten Gesundheitszustand. *Taubheit – Knochenschmerzen – Röntgen – Radium*. Freud wird nach einer neuen Methode bestrahlt. *To Cut a long Story short*, schreibt er im März 1939 an den alten Kollegen Hanns Sachs, man behandelt ihn jetzt von außen mit Röntgenstrahlen, von innen mit Radium, was *immerhin schonender ist als – Kopfabschneiden, was die andere Alternative wäre*. Das sei eben der Weg zum *unvermeidlichen Ende*, auch wenn man sich den anders vorgestellt hätte. Und so schreibt Freud denn sein Testament. Anna soll die Antikensammlung bekommen und alle Bücher über Psychoanalyse. Martha Freuds Unterhalt wird durch einen Fonds gesichert, das Haus wird auf die Söhne überschrieben, die Urheberrechte aller Schriften gehen an die Enkel, und Minna Bernays erhält eine jährliche Rente von 300 Pfund.

Sein Leben lang hat Freud – außer Kokain in jungen Jahren – keine Medikamente genommen. Doch nun, nach 16 Jahren Krebs, braucht er schon mal widerwillig eine Pyramidon. Doch auch die reicht bald nicht mehr aus. Der Kiefer ist so kaputt und schmerzempfindlich, daß *ich ohne Wärmflasche und größere Dosen Aspirin meine Tagesaufgaben und meine Nächte nicht bewältigen kann*. Und wieder sehnt er sich den Tod herbei, schreibt an Marie Bonaparte: *Etwas Interkurrentes, was den grausamen Prozeß kurz abschneidet, wäre sehr erwünscht*.

An einem schönen Sommertag besucht ihn seine alte Patientin Hilda Doolittle. Alle Glastüren zum Garten sind geöffnet. Freud sitzt ruhig in einem Gartensessel, sehr zurückgezogen, sehr in sich gekehrt. *Ich traute mich nicht einzudringen, seine Distanziertheit zu durchbrechen, seine Lebenskraft abzugraben,* schreibt sie in ihrer »Huldigung an Freud«. Und sie ist nicht allein mit ihm. Um den schweigenden Patriarchen sitzen Familienmitglieder im Halbkreis, sitzen da, freundlich aufgereiht *wie die Götter* auf seinem Schreibtisch. *Es herrschte eine förmliche Gastlichkeit,* schreibt H. D., *jedoch nur an der Oberfläche*. Man redet wohltuend vertraut miteinander, höflich und aufmerksam. Und es stellt sich bei ihr ein wohliges Gefühl äußerer Sicherheit ein. Dann bedankt sich Freud bei ihr noch einmal für die herrlichen Gardenien, die er mit einem Kärtchen, aber ohne Absender bekommen hat. Die waren doch sicher von ihr? Ja, die waren von ihr. Sie hat sie in einem Blumenladen im West End gefunden, hat auf die Karte gekritzelt: *Der Rückkehr der Götter zum Gruß*.

Freud ist so dünn geworden. Er mag einfach nicht essen, hat auch keinen Appetit mehr, und jeder Bissen tut ihm weh. Durch die Röntgenstrahlen ist ein Teil seines Bartes zerstört, die Wange hat sich verfärbt, und der Knochenbrand frißt sich langsam durch die Haut, frißt ein Loch hinein. Es gibt kein Mittel und kein Mundwasser, das den Geruch des faulenden Fleisches stoppen könnte. Patienten kann er nicht mehr empfangen. Vorbei nach 53 Jahren.

Er ruht nun den größten Teil des Tages. Die Söhne tragen sein Bett ins Arbeitszimmer, von wo aus er den Garten und seine Blumen sehen kann. Wenn es warm ist, liegt er draußen unter einem Sonnendach und liest. Er liest sein letztes Buch, liest »Die tödlichen Wünsche oder das Chagrinleder« von

Honoré de Balzac. Es ist die Geschichte des Marquis Rafael de Valentin, der in der Spielhölle das einzige Goldstück, das er noch besitzt, auf den Roulette-Tisch wirft. Es rollt auf Schwarz. Rien ne va plus! Und damit ist sein Schicksal besiegelt. Er verliert, stürzt verzweifelt in die Dunkelheit hinaus, will sich in der Seine ertränken und landet auf dem Weg ins Wasser in einem Antiquitätenladen. In tiefe Träumereien versunken, erscheint plötzlich in einem Lichtkegel ein uralter Händler, der ihm ein Stück Leder zeigt, das an der Wand hängt. Der Alte lockt ihn, sagt, es erfülle jeden Wunsch. Dafür allerdings gehöre ihm das Leben des Besitzers. Und das Leder schrumpfe bei jedem erfüllten Wunsch, so wie sein Leben schrumpft. Sein Leben? Das wollte er doch gerade wegwerfen. So geht der Marquis denn, wie Faust mit Mephisto, einen Pakt ein. Warum nicht eine Zeitlang noch genießen, was er nie besessen? Frauen, Weine, Luxus? Und das Leder wird langsam kleiner und kleiner, und jetzt erst begreift sein Besitzer den Spruch, der einmal auf dem Chagrinleder stand: *Wollen verbrennt uns, Können zerstört uns, Wissen gewährt unserem schwachen Leben den Dauerzustand der Stille.* Aber da ist alles zu spät. Der Marquis stirbt am Ende in den Armen des Mädchens, das ihn wirklich geliebt und das er verschmäht hatte.

Das war das richtige Buch für mich, sagt Freud zu Max Schur, *es handelt vom Einschrumpfen und Verhungern.* Zu dieser Zeit ist sein Arzt – nachdem er seine Frau und die Kinder vor dem drohenden Krieg aufs Land gebracht hat – zu ihm gezogen. Er will in der letzten Etappe bei Freud sein. Und er weiß, daß er ihm ein Versprechen gegeben hat. *Kriegspanik* ist am 25. August Freuds letzter Eintrag in der Chronik. Am 1. September ist der Krieg dann da. Hitler hat Polen überfallen, und als der Diktator auf Großbritanniens Ultimatum nicht reagiert, erklären die Engländer Deutschland am 3. September den Krieg, der auch in Maresfield Gardens zu spüren ist. Freuds Bett wird nach dem Fliegeralarm in den sicheren Trakt des Hauses getragen. Doch da ist der Schwerkranke schon *weit fort,* wie Schur schreibt. Nur manchmal blitzt der alte Witz noch auf. Als die beiden im Rundfunk hören, daß dieser ja nun wohl der

*... zwei Brüder liegen bereits in englischem Boden,
vielleicht finde ich dort auch noch Platz.*

AN MAX EITINGON, 12. OKTOBER 1919

Den Blick in seinen efeuumwucherten Garten liebt Freud bis in den Tod.
Maresfield Gardens, London

letzte aller Kriege sein wird, fragt Schur, ob Freud das auch glaube. Da sagt der alte Stoiker: *Mein letzter Krieg.*

Sein Ende ist bitter. Der Geruch aus der Mundhöhle ist so schlimm, daß ein Moskitonetz um Freuds Bett gespannt werden muß, damit die Fliegen ihn nicht belästigen. Und der Chow-Chow, an dem der Kranke so sehr hängt, mag nicht mehr zu ihm kommen. Immer verkriecht er sich in die äußerste Ecke.

Am Tag vor seinem Tod zieht Freud noch einmal seine Schreibtischuhr auf, so wie er es ein Leben lang getan hat. Als Max Schur sich danach zu ihm aufs Bett setzt, greift Freud nach der Hand seines Arztes und sagt: *Lieber Schur, Sie erinnern sich wohl an unser erstes Gespräch. Sie haben mir damals versprochen, mich nicht im Stich zu lassen, wenn es soweit ist. Das ist jetzt nur noch Quälerei und hat keinen Sinn mehr.* Schur ist tief bewegt, hatte nie einen freundlicheren und disziplinierteren Patienten, sagt ihm, er habe sein Versprechen nicht vergessen. Und Freud hält noch immer Schurs Hand in der seinen, drückt sie und sagt ruhig und ohne Selbstmitleid: *Ich danke Ihnen.* Und fügt nach kurzem Zögern hinzu: *Sagen Sie es Anna.*

Nachdem die Familie informiert ist, injiziert Schur dem Sterbenskranken zwei Zentigramm Morphium. Die Erleichterung kommt bald, denn der Körper ist so schwach und so gar nicht an starke Medikamente gewöhnt. Die Schmerzenszüge glätten sich, Freud schläft friedlich und entspannt. Nach etwa zwölf Stunden gibt Schur ihm eine zweite Spritze. Freud ist so entkräftet, daß er nicht mehr aufwacht. Am Samstag, dem 23. September 1939, frühmorgens gegen drei Uhr, gleitet er in den Tod hinüber. Am Freitag darauf zündet Martha Freud, die sagt, daß ihr Leben nun *Sinn und Inhalt verloren hat,* zum erstenmal nach 53 Ehejahren wieder die Sabbatkerzen an.

Literatur

FREUD, SIGMUND Gesammelte Werke in 16 Bänden. Frankfurt am Main 1999. FREUD, SIGMUND Studienausgabe in 10 Bänden. Frankfurt am Main 1972. FREUD, SIGMUND Tagebuch 1929–1939. Kürzeste Chronik. Herausgegeben von Michael Molnar. Frankfurt am Main 1996. FREUD, SIGMUND Briefe an Wilhelm Fließ. Frankfurt am Main 1986. FREUD, SIGMUND Brautbriefe. Frankfurt am Main 1971. FREUD, SIGMUND Briefwechsel mit Arnold Zweig. Frankfurt am Main 1984. FREUD, SIGMUND Jugendbriefe an Eduard Silberstein 1871–1881. Frankfurt am Main 1989. BALZAC, HONORÉ DE Die tödlichen Wünsche oder das Chagrinleder. München 1957. BEHLING, KATJA Martha Freud. Die Frau des Genies. Berlin 2002. BERTHELSEN, DETLEF Alltag bei Familie Freud. Die Erinnerungen der Paula Fichtl. Hamburg 1987. BINSWANGER, LUDWIG Erinnerungen an Sigmund Freud. Bern 1956. BLANTON, SMILEY Tagebuch meiner Analyse bei Sigmund Freud. Frankfurt am Main, Berlin, Wien 1975. BREUER, JOSEF/FREUD, SIGMUND Studien über Hysterie. Frankfurt am Main 1991. CANETTI, ELIAS Die Fackel im Ohr. Lebensgeschichte 1921–1931. München, Wien 1980. DALI, SALVADOR Das geheime Leben des Salvador Dalí. München 1984. DOOLITTLE, HILDA Huldigung an Freud. Rückblick auf eine Analyse. Frankfurt am Main, Berlin, Wien 1975. ENGELMANN, EDMUND Sigmund Freud Wien IX. Berggasse 19. Stuttgart, Zürich 1977. FREUD, ANNA Briefwechsel mit Lou Andreas-Salomé 1919–1937. München 2001. FREUD, ERNST UND LUCIE, ILSE GRUBRICH-SIMITIS Sigmund Freud. Sein Leben in Bildern und Texten. Frankfurt am Main 1976. FROMM, ERICH Sigmund Freud. Seine Persönlichkeit und seine Wirkung. Frankfurt am Main, Berlin, Wien 1981. GARDINER, MURIEL (HG.) Der Wolfsmann vom Wolfsmann. Zürich 1974. GAY, PETER Freud. Eine Biographie für unsere Zeit. Frankfurt am Main 2001. GAY, PETER Freud, Juden und andere Deutsche. Hamburg 1986. HAFFNER, SEBASTIAN Geschichte eines Deutschen. Die Erinnerungen von 1914–1933. Stuttgart, München 2000. JONES, ERNEST Sigmund Freud. Leben und Werk in 3 Bänden. München 1984. KOEPCKE, CORDULA Lou Andreas-Salomé. Eine Biographie. Frankfurt am Main 1986. KRAUS, KARL Auswahl aus dem Werk. München 1957. KRAUS, KARL Die letzten Tage der Menschheit. München 1964. LANDMANN, SALCIA Jüdische Witze. München 1963. LEE, HERMIONE Virginia Woolf. Ein Leben. Frankfurt am Main 1999. MANN, THOMAS Schriften und Reden zur Literatur. Frankfurt am Main 1968. MANNONI, OCTAVE Sigmund Freud in Selbstzeugnissen. Reinbek bei Hamburg 1975. MARCUSE, LUDWIG Sigmund Freud. Sein Bild vom Menschen. Zürich 1972. MASSON, JEFFREY M. »Was hat man dir, du armes Kind, getan?« Sigmund Freuds Unterdrückung der Ver-Führungstheorie, Reinbek bei Hamburg 1984. NEUMANN, ROBERT Ein leichtes Leben. Berlin und Weimar 1975. OBHOLZER, KARIN Gespräche mit dem Wolfsmann. Reinbek bei Hamburg 1980. SCHNEIDER, PETER Sigmund Freud. Portrait. München 2003. SCHNITZLER, ARTHUR Fräulein Else. Stuttgart 2002. SCHNITZLER, ARTHUR Jugend in Wien. Eine Autobiographie. Berlin und Weimar 1985. SCHNITZLER, HEINRICH, CHRISTIAN BRANDSTÄTTER UND REINHARD URBACH Arthur Schnitzler. Sein Leben. Sein Werk. Seine Zeit. Frankfurt am Main 1981. SCHUR, MAX Sigmund Freud. Leben und Sterben. Frankfurt am Main 1973. SCHWEIGHOFER, FRITZ Das Privattheater der Anna O. München, Basel 1987. SOPHOKLES Tragödien. Wiesbaden, Berlin o. J. SPERBER, MANÈS Alfred Adler. Berlin, Wien 1983. TÖGEL, CHRISTFRIED Freuds Wien. Wien 1996. TÖGEL, CHRISTFRIED Freud für Eilige. Berlin 2005. TÖGEL, CHRISTFRIED (HG.) Sigmund Freud. Stationen seines Lebens. Katalog zur Ausstellung. Uchtspringe, London 2001. WAGNER/TOMKOWITZ Ein Volk. Ein Reich. Ein Führer. Der Anschluß Österreichs 1938. München 1968. WEHR, GERHARD C. G. Jung. Reinbek bei Hamburg 1975. ZUCKMAYER, CARL Als wär's ein Stück von mir. Frankfurt am Main 1966. ZWEIG, STEFAN Briefwechsel mit Sigmund Freud. Frankfurt am Main 1987. ZWEIG, STEFAN Die Heilung durch den Geist. Frankfurt am Main 2003. ZWEIG, STEFAN Die Welt von Gestern. Erinnerungen eines Europäers. Berlin und Weimar 1990.

FÜR DIE FREUD-ZITATE © A.W. Freud et al by arrangement with Paterson Marsh Ltd. and Sigmund Freud copyrights.

Mit 40 Fotografien von Ute Mahler

WIR DANKEN
dem Sigmund Freud Museum Wien
und dem Freud Museum in London
für die freundliche Unterstützung.

ISBN-10: 3-351-02631-5
ISBN-13: 978-3-351-02631-8

2. Auflage 2006
© Aufbau-Verlag GmbH, Berlin 2006
© Ute Mahler/Ostkreuz

GESAMTGESTALTUNG
gold, Anke Fesel und Kai Dieterich
DRUCK UND BINDEN
Kösel, Krugzell
Printed in Germany

www.aufbau-verlag.de